编 委 会

民用机场案例汇编

Compilation of Cases of Civil Airport

北京首都国际机场股份有限公司◎组编

中国政法大学出版社

2021 · 北京

图书在版编目（CIP）数据

民用机场案例汇编/北京首都国际机场股份有限公司组编. —北京：中国政法大学出版社，2021.8

ISBN 978-7-5764-0086-1

Ⅰ.①民…　Ⅱ.①北…　Ⅲ.①民用机场—运营管理—法规—案例—中国　Ⅳ.①D922.296.5

中国版本图书馆CIP数据核字(2021)第178559号

出版者　中国政法大学出版社

地　址　北京市海淀区西土城路25号

邮寄地址　北京100088信箱8034分箱　邮编100088

网　址　http://www.cuplpress.com (网络实名：中国政法大学出版社)

电　话　010-58908289(编辑部) 58908334(邮购部)

承　印　固安华明印业有限公司

开　本　880mm×1230mm　1/32

印　张　7.375

字　数　130千字

版　次　2021年8月第1版

印　次　2021年8月第1次印刷

定　价　45.00元

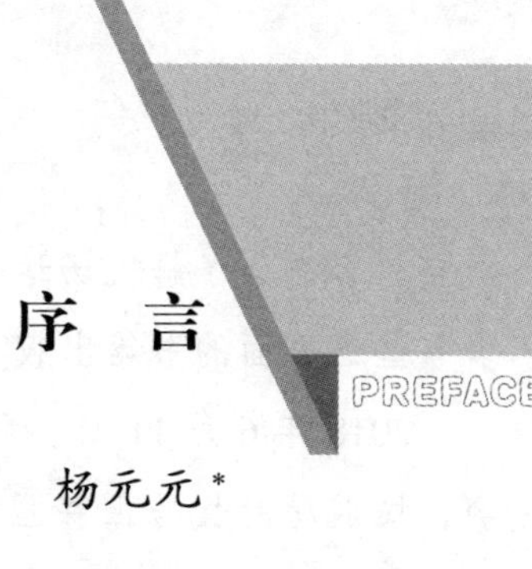

序 言

杨元元*

北京首都国际机场股份有限公司法律事务部的李群博士请我为他们编写的案例汇编写一篇序言，我欣然领受。

民用航空是国家战略性基础产业，民用航空的发展是国家经济社会发展和现代化的象征。作为航空产业有机链条中重要的一环，民用机场的发展应积极践行“人民航空为人民”的真情服务理念，深刻贯彻新时代以人民为中心的价值追求。

李群博士及其团队编写的这本案例汇编，从五个方面，涉及27个案例，分析机场在设备设施运营、安全环境保护、安全检查、航空运输及其相关业务的保障与运营、商业活动等方面的问题，对法院审判程序、双方争议焦点以及法院主要观点、处理结果逐一分析，并列明相关法律条款。笔者相信，这本案例汇编能够帮助机场管理者、机场相关单位以及

* 杨元元，原中国民用航空总局局长、原国家安全生产监督管理总局副局长；中国共产党第十六届、第十七届中央委员；中国共产党第十六次、第十七次全国代表大会代表；国家一级飞行员；2015年荣获国际航协理事会授予的世界航空领导奖；2016年荣获国际飞行安全基金会授予的航空安全终身成就奖。

航空旅客充分了解机场运营中的法律问题。衷心地希望今后多一些这方面的书籍出版。

2018 年 6 月 11 日，民航局召开月度安全运行形势分析会，民航局局长冯正霖强调，坚持规章标准建设与时俱进，并细化了四条要求：一是规章标准建设要为充分发挥航空技术装备性能提供空间；二是规章标准建设要为民航产业模式多元化发展提供通道；三是规章标准建设要为民航企业强化自我管理提供动力；四是规章标准建设要为民航新业态新产品培育成长提供土壤。冯正霖同志这些带有前瞻性的建设要求必将对中国民用航空法律长远建设起到巨大的推动作用！这本案例汇编积极响应了冯正霖同志提出的规章标准建设要求，以案析法，就具体法规标准的适用性予以讨论。

我国民航需要一大批精通航空国际法和国内法的专业人才，我想这也是我们建设民航强国的应有之义。希望行业内外从事航空法律的各位专家能够持续不懈地努力，再接再厉地推动民航产业持续、快速、健康地发展，为建设民航强国而奋斗！

杨元元

2021 年 2 月

目　录

CONTENTS

序　言 / 001

一、机场的设备设施运营 / 001

［案例 1］W 某与 B 国际机场股份有限公司等航空运输人身损害责任纠纷案 / 003

［案例 2］S 某与 X 航空股份有限公司、H 国际机场股份有限公司等生命权、健康权、身体权纠纷案 / 007

［案例 3］W 某与 H 航空股份有限公司等违反安全保障义务责任纠纷案 / 014

［案例 4］C 某与 H 国际机场有限公司违反安全保障义务责任纠纷案 / 019

［案例 5］X 某与 K 国际机场有限责任公司、D 航空有限公司违反安全保障义务责任纠纷案 / 022

［案例 6］Y 某与 H 机场股份有限公司违反安全保障义务责任纠纷案 / 027

[本节案例评述] / 031

1. 机场管理机构的安全保障义务应当是绝对充分的吗? / 031

2. 机场建筑物内旅客伤害事件现场资料收集建议指导 / 033

3. 航站楼旅客伤害事件纳入国家赔偿的法律探讨 / 035

二、机场的安全环境保护 / 047

[案例 1] S 国际机场股份有限公司与 G 某相邻损害防免关系纠纷案 / 049

[案例 2] D 通用航空有限公司与 Z 太阳能科技有限公司相邻关系纠纷案 / 054

[案例 3] H 某、Q 某、L 某过失以危险方法危害公共安全罪 / 059

[案例 4] J 某甲、J 某乙、P 某某与 H 国际机场有限公司相邻关系纠纷案 / 061

[案例 5] L 某与 B 国际机场有限公司相邻污染侵害纠纷案 / 064

[本节案例评述] / 066

1. 净空保护关乎飞行安全，其处置要求具有即时性。为何机场管理机构仍选择耗时较长的诉讼方式来

移除影响飞行安全的设施或制止影响飞行安全的行为？/ 066

2. 关于民用机场相邻关系的法律探讨 / 067

3. 关于适度拓展民用机场管理机构在净空管理活动中的作用的思考 / 071

4. 关于无人机“黑飞”妨碍民用航空安全问题的预防和规制 / 078

5. 关于机场噪声侵权责任的法律探讨 / 083

三、机场的安全检查 / 087

［案例 1］G 某、J 省公安厅 L 国际机场公安局、J 省公安厅行政复议 / 089

［案例 2］L 某与 J 省民航机场集团 Y 机场公司名誉权纠纷案 / 094

［案例 3］T 某与 B 机场股份有限公司财产损害赔偿纠纷案 / 096

［本节案例评述］/ 103

机场安全检查具有何种法律属性？/ 103

四、航空运输及其相关业务的保障与运营 / 107

［案例 1］W 机场集团有限公司与 H 航空有限公司合同纠纷案 / 109

[案例2] X 航空有限公司与 G 国际机场股份有限公司服务合同纠纷案 / 114

[案例3] W 航空公司与 B 国际机场股份有限公司服务合同纠纷案 / 123

[案例4] G 国际机场股份有限公司与 T 航空服务有限公司等留置权纠纷案 / 132

[案例5] Z 某与 H 航空股份有限公司、G 国际机场股份有限公司航空旅客运输合同纠纷案 / 140

[案例6] D 某与 D 航空股份有限公司 X 分公司、X 机场集团 Q 机场有限公司 G 机场分公司、A 国际机场股份有限公司航空旅客运输合同纠纷案 / 144

[案例7] W 某、G 某客梯车剐碰航空器事件 / 148

[本节案例评述] / 150

1. 关于境外航空公司服务合同债务履行风险的防范 / 150

2. 从国际民航组织《机场经济学手册》中看民用机场的地面服务 / 158

3. 民用机场地面设备剐碰航空器行为的刑事责任及其防范的探讨 / 160

五、机场的商业活动 / 181

[案例1] J 机场股份有限公司与 X 汽车租赁有限公司合同

纠纷案 / 183

[案例 2] W 机场商贸有限公司与 G 市 C 贸易有限公司特许经营合同纠纷案 / 189

[案例 3] F 管理有限公司与 X 国际航空港股份有限公司候机楼管理分公司房屋租赁合同纠纷案 / 196

[案例 4] J 机场有限责任公司与 Y 广告有限公司租赁合同纠纷案 / 207

[案例 5] J 省民航机场集团 Y 机场公司与 M 某保管合同纠纷案 / 214

[案例 6] C 机场集团有限公司与 D 航空包装有限责任公司合同纠纷案 / 217

[本节案例评述] / 223

关于机场管理机构在机场范围内开展的特许经营活动或有偿转让经营权活动权利来源的法律探讨 / 223

PART 1

一

机场的设备设施运营

[案例 1]

W 某与 B 国际机场股份有限公司等航空运输人身损害责任纠纷案

原　告：W 某

被告一：B 国际机场股份有限公司

被告二：H 航空股份有限公司

案　由：航空运输人身损害责任纠纷

[案情概述]

W 某购买 H 航空股份有限公司（以下简称“H 航空公司”）机票。2011 年 11 月 14 日 22 时左右，在登机过程中，W 某在经过 B 国际机场股份有限公司（以下简称“B 机场公司”）登机桥时在廊道内摔倒受伤。事发后，W 某被送往医院救治，经诊断，为髌骨粉碎性骨折。出院后，W 某就相关损失与 B 机场公司、H 航空公司多次协商未果后诉至人民法院。W 某认为 B 机场公司、H 航空公司作为从事航空运输服务经营活动的法人，因其工作疏忽致昏暗的登机桥机梯存在较长距离的水渍地带，地面湿滑，未尽到合理限度范围内的安全保障义务，致使其滑倒遭受人身损害，B 机场公司应当承担赔偿责任，H 航空公司共同负有安全保障义务，应对此承担连带责任，请求人民法院判决 B 机场公司及 H 航空公司共同赔偿其机票损失、护理费、误工费、住院伙食补助费、交通费、精神损害抚慰金等费用合计 119 000 余元。

[主要争议]

B 机场公司与 H 航空公司是否违反了安全保障义务？

[处理结果]

一审法院经审理后酌定 H 航空公司应承担 60%的责任，W 某应承担 40%的责任。损失总额根据双方责任比例扣除 H 航空公司已垫付的 15 000 元，剩余损失共计 22 233.01 元应由 H 航空公司实际赔偿；驳回 W 某的其他诉讼请求。

[裁判要旨]

B 机场公司与 H 航空公司是否违反了安全保障义务？

根据《民用航空法》第 124 条的规定，因发生在民用航空器上或者在旅客上、下民用航空器过程中的事件，造成旅客人身伤亡的，承运人应当承担责任；但是，旅客的人身伤亡完全是由于旅客本人的健康状况造成的，承运人不承担责任。本案判决时间为 2013 年，根据当时施行的《侵权责任法》，车站等公共场所的管理人，未尽到安全保障义务，造成他人损害的，应承担责任。

本案中，H 航空公司作为承运人，对旅客登机活动负有管理义务。H 航空公司未能证明其在事发时对登机桥内的登机秩序进行了有效管理，登机秩序是可能造成 W 某摔倒的原因，因此无法排除 H 航空公司的过错。B 机场公司是登机桥的提供者，其仅在提供的登机桥存在瑕疵且该瑕疵是导致事发的原因时，根据过错程度承担责任。W 某所称登机桥内存在水渍、登机桥内照明昏暗，均未能提供证据证明。加之 H 航空公司亦认可 B 机场公司提供的登机桥并无水渍，同时并未证明 B 机场公司的服务存在其他瑕疵，因此，其不应在本案中承担责任。

W 某作为完全行为能力人，根据其提供的照片可见，事发时所穿的鞋跟较高，在复杂环境或快速行走中需要付出比常人更多的努力方能较好地保持肢体平衡，给其自身安全带来一定风险，W 某甘冒此风险外出活动，对自身安全存在轻疏，亦在一定程度上加重了 H 航空公司预防事故的负担。在 W 某不能完全证明其摔倒完全系 H 航空公司原因造成的情况下，其理应对自己的轻疏承担相应的责任。

[相关法律法规]

1.《侵权责任法》*

第三十七条 宾馆、商场、银行、车站、娱乐场所等公共

* 《民法典》自 2021 年 1 月 1 日起施行，《民法通则》《担保法》《合同法》《物权法》《侵权责任法》《民法总则》等同时废止。由于上述废止法律在案例发生时发挥了重要的现实指导意义，因此本案例汇编仍收录了其中部分条款，特此说明，下文不再赘述。——编辑注

场所的管理人或者群众性活动的组织者，未尽到安全保障义务，造成他人损害的，应当承担侵权责任。

因第三人的行为造成他人损害的，由第三人承担侵权责任；管理人或者组织者未尽到安全保障义务的，承担相应的补充责任。

2.《民法典》（自2021年1月1日起施行）

第一千一百六十五条 行为人因过错侵害他人民事权益造成损害的，应当承担侵权责任。

依照法律规定推定行为人有过错，其不能证明自己没有过错的，应当承担侵权责任。

第一千一百九十八条 宾馆、商场、银行、车站、机场、体育场馆、娱乐场所等经营场所、公共场所的经营者、管理者或者群众性活动的组织者，未尽到安全保障义务，造成他人损害的，应当承担侵权责任。

因第三人的行为造成他人损害的，由第三人承担侵权责任；经营者、管理者或者组织者未尽到安全保障义务的，承担相应的补充责任。经营者、管理者或者组织者承担补充责任后，可以向第三人追偿。

3.《民用航空法》（2021年修正）

第一百二十四条 因发生在民用航空器上或者在旅客上、下民用航空器过程中的事件，造成旅客人身伤亡的，承运人应当承担责任；但是，旅客的人身伤亡完全是由于旅客本人的健康状况造成的，承运人不承担责任。

[案例2]

S某与X航空股份有限公司、H国际机场股份有限公司等生命权、健康权、身体权纠纷案

原　告：S某

被告一：X航空股份有限公司

被告二：H国际机场股份有限公司

被告三：Z某

案　由：生命权、健康权、身体权纠纷

[案情概述]

2016年1月23日，S某从Q市飞到H市，再由H国际机场转机去F市。S某曾于出发前在家中不慎摔伤，因行动不便需要借用轮椅。1月24日上午9时左右，S某坐在H国际机场放置的行李手推车上，由其朋友推着到X航空股份有限公司（以下简称“X航空公司”）的服务台要求借轮椅。X航空公司的工作人员称借轮椅的手续要S某本人去值机柜台办理，并带领S某去值机柜台办手续。S某坐在行李手推车的底板上由其朋友推着跟随X航空公司的工作人员前往值机柜台。S某的腿和拐杖平放在行李手推车的底板上，腿和拐杖的一段超出了底板的长度，悬空在行李手推车底板的前面。X航空公司的工作人员带领S某到达值机柜台前方拉着蓝色警戒布条的地方后，该工作人员解开了警戒布条让S某

的朋友推着S某穿越等待线直接向值机柜台走去。X航空公司工作人员转身扣上警戒布条时，S某的朋友推着S某走到14号值机柜台的左侧，S某平放在行李手推车底板上的脚和拐杖距离值机柜台仅20厘米左右。此时，Z某正在14号值机柜台办理值机手续，S某的脚和拐杖距离Z某约一步的距离。Z某转身向左往出口方向走了一步左右后被S某的拐杖绊了一下并撞到了S某的左脚，导致S某的左脚着地并二次受伤。S某受伤后，Z某和X航空公司的一个工作人员将S某扶到旁边的椅子上，并拨打了120。S某认为其二次受伤是由Z某造成的，X航空公司与H国际机场股份有限公司（以下简称“H机场公司”）服务不周到也应承担相应的侵权责任，遂向人民法院提起诉讼，要求判令Z某赔偿S某医疗费、残疾辅助器具费、住院伙食补助费、交通费、住宿费、物损费、残疾赔偿金等费用共计248 219.68元，扣除旧伤对伤残的参与度60%及Z某已付医药费5000元，Z某应赔S某94 287.87元。H机场公司、X航空公司对上述费用承担连带赔偿责任。

[主要争议]

1. H机场公司是否应当承担责任，如果是，应如何承担？

2. 其他各方当事人是否应当承担责任？

[处理结果]

经审理后，一审法院酌情确认X航空公司对S某受伤所产生的合理损失承担30%的赔偿责任，H机场公司和Z某对S某受伤所产生的合理损失各承担10%的赔偿责任，其余损失因S某本人之过错由其自行承担。法院判决X航空公司赔偿S某47 293.23元；Z某赔偿S某10 764.41元；H机场公司赔偿S某15 764.41元；驳回S某的其余诉讼请求。X航空公司不服一审判决，提起上诉，请求撤销一审判决，改判X航空公司不承担赔偿责任。

二审法院经审理后认为X航空公司存在一定的过错，一审判决其承担相应的赔偿责任具有事实和法律依据，故X航空公司的上诉请求不能成立，应予驳回；一审判决认定事实清楚，适用法律正确，应予维持。2019年，二审法院判决：驳回上诉，维持原判。

[裁判要旨]

1. H机场公司是否应当承担责任，如果是，应如何承担？

H机场公司在H国际机场提供门对门的轮椅服务，有专人在专门的下客点等待，并提供值机、安检、边检、登机一条龙服务，但前提是乘客需要通过9××××电话热线或APP预约，乘客到H国际机场后也可以通过上述途径或到有“？”标识的问讯台预约。H国际机场没有收到过S某要求轮椅服务的任何预约和请求。

H国际机场的值机柜台区域没有具体排队规范，但现场会拉警戒布条，拉警戒布条的地方是过不去的，只能顺着警戒布条留出的通道行走。前面的乘客办理值机手续的时候，第二个乘客应在等待线后面等待。值机柜台处有 H 国际机场的工作人员轮流维持秩序，事件发生的时候工作人员并没有看到 S 某坐在行李推车上。

H 国际机场虽然在行李手推车的显著位置张贴了“禁止载人”的标识，尽到了相应的提示义务，但对于 S 某坐在行李手推车上，并将拐杖和脚伸出推车，在大厅和值机柜台等人流较多的区域内活动的违规行为，并没有工作人员及时发现并上前制止。对 S 某这样行动不便的乘客，H 国际机场也没有人员主动上前询问并为其提供帮助，可见 H 国际机场在上述区域的人员配备、巡逻频率以及志愿者服务等方面尚存漏洞，未尽到应有的管理义务，对本起事故的发生存在一定的过错，应该承担部分责任。

2. 其他各方当事人是否应当承担责任?

(1) 关于 S 某。

首先，S 某于事发前几日摔伤导致左侧踝骨骨折并随身携带了拐杖，可见 S 某通过拐杖辅助系可以独立行走。但 S 某为了图方便，在前往航空公司服务台和值机柜台办理借轮椅手续时，违规坐在行李手推车的底板上，且将脚和拐杖伸出底板外，使自己和他人均处于被撞倒的危险之中。

其次，S 某作为经常乘坐飞机的乘客，应当知道值机柜台前有乘客在办理手续时，其应在等待线后面等候，或者至少应与前方乘客保持必要的安全距离，以保证自身安全和其他乘客的隐私。但是，S 某未遵守排队规则，在 14 号值机柜台前有 Z 某正在办理手续的情况下，紧靠该柜台左侧停留，完全挡住了Z某办好手续后正常的撤离路线，使Z某只要稍不留神就会被S某的拐杖绊倒，导致S某受伤。

最后，S某称其不知道行李手推车上不能载人的理由不具有信服力。H机场公司通过举证证明，其提供的行李手推车的显著位置张贴了禁止乘客坐在行李手推车上的标识，S某作为具有较多生活常识和阅历的生意人在经常乘坐飞机的情况下声称不知道行李手推车禁止载人，显然不符合常理。因此，S某对于自身的安全并未尽到合理的注意义务，其对自身的损伤存在重大过错，应负主要责任。

（2）关于X航空公司。

根据《残疾人航空运输管理办法》第19条的规定，承运人应当为具备乘机条件的残疾人免费提供包括登机、离机所需要的移动辅助设备。X航空公司制定的《残疾人运输保障规定》也规定，残疾人需要登离机协助的，应在航班乘机手续截止前2小时在机场办理乘机手续。残疾人未按要求提前通知或提前在机场办理乘机手续的，在不延误航班的情况下尽力提供服务或协助。因此，航空客运承运人为有特殊需求的旅客提供轮椅是履行运输义务的合理延伸，不管乘客是否在订票时提出过轮椅服务的申请，承运人在机场收到乘客借轮椅的申请，均应该提供服务和协助。X航空公司在S某向其工作人员提出借轮椅的请求后，应通过合理的方式协助S某向H机场公司办理借轮椅手续。X航空公司的服务人员作为航空服务的业内人士应当知道行李手推车载人存在安全风险，其服务人员在看到S某乘坐该手推车时应当进行劝阻，即使当时无其他更好代步工具，X 航空公司的工作人员亦应对 S 某进行必要的安全风险提醒或采取其他措施降低安全风险，比如提醒推车人及 S 某注意周围过往旅客，降低推行速度，提醒沿途旅客注意避让等。在此之后，X 航空公司工作人员为 S 某打开警戒布条，诚然是为了给 S 某提供便捷，但对于处于特殊情况且进入特殊区域的 S 某，该工作人员更应当进行必要的安全提醒。然而在案证据未能显示 X 航空公司工作人员在整个过程中进行过上述提醒或采取相关安全措施。在此情况下，X 航空公司对 S 某的受伤存在较大的过错，应当承担较大比例的责任。

(3) 关于 Z 某。

Z 某系本次事故的直接侵权人，其在 14 号值机柜台办理完值机手续后，未审慎察看周围的环境，转身向前行走的速度较快，又因注意力不集中未能及时注意到 S 某的存在，对 S 某受伤存在一定的过错，依法应承担部分责任。

[相关法律法规]

1.《侵权责任法》

第六条 行为人因过错侵害他人民事权益，应当承担侵权责任。

根据法律规定推定行为人有过错，行为人不能证明自己没有过错的，应当承担侵权责任。

第十二条 二人以上分别实施侵权行为造成同一损害，能够确定责任大小的，各自承担相应的责任；难以确定责任大小的，平均承担赔偿责任。

第十六条 侵害他人造成人身损害的，应当赔偿医疗费、护理费、交通费等为治疗和康复支出的合理费用，以及因误工减少的收入。造成残疾的，还应当赔偿残疾生活辅助具费和残疾赔偿金。造成死亡的，还应当赔偿丧葬费和死亡赔偿金。

第二十六条 被侵权人对损害的发生也有过错的，可以减轻侵权人的责任。

2.《民法典》（自 2021 年 1 月 1 日起施行）

第一千一百六十五条 行为人因过错侵害他人民事权益造成损害的，应当承担侵权责任。

依照法律规定推定行为人有过错，其不能证明自己没有过错的，应当承担侵权责任。

第一千一百七十二条 二人以上分别实施侵权行为造成同一损害，能够确定责任大小的，各自承担相应的责任；难以确定责任大小的，平均承担责任。

第一千一百七十三条 被侵权人对同一损害的发生或者扩大有过错的，可以减轻侵权人的责任。

第一千一百七十九条 侵害他人造成人身损害的，应当赔偿医疗费、护理费、交通费、营养费、住院伙食补助费等为治疗和康复支出的合理费用，以及因误工减少的收入。造成残疾的，还应当赔偿辅助器具费和残疾赔偿金；造成死亡的，还应当赔偿丧葬费和死亡赔偿金。

[案例3]

W某与H航空股份有限公司等违反安全保障义务责任纠纷案

原　告：W某

被告一：H航空股份有限公司

被告二：X国际机场股份有限公司

被告三：S航空有限公司

案　由：违反安全保障义务责任纠纷

[案情概述]

2011年11月26日，W某和丈夫与旅行社签订合同，以每人5500元的费用加入旅行社组织的9日游。11月28日，W某在X机场候机大厅24号登机口准备搭乘S航空有限公司（以下简称“S航空公司”）的航班前往旅行首站城市。上午7时10分许，W某通过24号登机口的安检站走出候机大厅准备乘坐由H航空股份有限公司（以下简称“H航空公司”）运营的摆渡车登机。X国际机场股份有限公司（以下简称“X机场公司”）为了方便摆渡车准确停靠在车位内设置了倒车杠，但当时摆渡车并未摆放到位，后车轮没有停靠在倒车杠上，导致倒车杠有一部分暴露在车体之外。在两个车位之间有为乘客搭乘摆渡车设置的路径，但W某没有按规定路线行走，而是走在车位区域内，导致被倒车杠绊倒受伤。

事情发生后，W 某被安排在候机大厅接受了航医的检查。W 某以为问题不大，仍按原计划乘机飞往首站城市。在飞机上 W 某发现伤情比预想得要严重，疼痛难忍，坚持抵达首站城市后，在当地医院经诊断为第 2~4 跖骨骨折。当天下午 W 某和丈夫乘机返回出发城市。

经过协调，W 某与 X 机场公司、S 航空公司、H 航空公司地服的代表签订了一份证明，约定由 S 航空公司安排人员陪 W 某做进一步治疗，相关费用暂由 S 航空公司垫付，最终费用根据相关法律规定由相关责任方按照承担比例进行分摊。

W 某在出发城市中医整骨医院自愿接受保守治疗，经司法鉴定中心作出法医临床司法鉴定意见书，鉴定意见为：被鉴定人 W 某的伤残等级属 9 级。W 某向人民法院提起诉讼。

[主要争议]

本案各方当事人是否应当承担责任？如果是，应如何承担？

[处理结果]

就责任划分，一审法院经审理后认为 W 某作为完全民事行为能力人，未按要求的路径登机且疏忽大意，应当对自己的损失承担次要责任，即 30%；X 机场公司和 H 航空公司承担主要责任，即 35%。一审法院遂判决：①X 机场公司向 W 某赔偿各项损失共计 43 501.95 元（扣除已支付的 6887.38 元，X 机场公司再向 W 某支付 36 614.57 元）；H 航空公司向

W 某赔偿各项损失共计 43 501.95 元（扣除已支付的 3000 元，H 航空公司再向 W 某支付 40 501.95 元）；②驳回 W 某的其他诉讼请求。

W 某、H 航空公司不服一审法院民事判决，提起上诉。二审法院经审理后，于 2014 年作出终审判决：维持原判第 2 项；调整原判责任分担，由 H 航空公司承担 45%责任、X 机场公司承担 35%责任、W 某承担 20%的责任，即 X 机场公司向 W 某赔偿各项损失共计 42 060.79 元（扣除已支付的 6887.38 元，X 机场公司再向 W 某支付 35 173.41 元）；H 航空公司向 W 某赔偿各项损失共计 54 078.16 元（扣除已支付的 3000 元，H 航空公司再向 W 某支付 51 078.16 元）。

[裁判要旨]

本案各方当事人是否应当承担责任？如果是，应如何承担？

本案中，H 航空公司作为摆渡车的运营者，应当安排工作人员对旅客乘车进行引导，但其没有尽到该职责；更为重要的是该公司未将摆渡车停放到位，直接导致 W 某被倒车杠绊倒受伤，故 H 航空公司应对 W 某的损失承担主要赔偿责任。虽然 H 航空公司是 S 航空公司的地面服务代理人，但 W 某是因 H 航空公司的摆渡车未停放到位摔倒受伤，H 航空公司对此有直接过错，由其直接向 W 某承担赔偿责任并不违法。该公司与被代理人之间的关系属于另一法律关系，H 航空公司以此作为自己不承担赔偿责任的理由未被人民法院支持。

W 某作为完全民事行为能力人，未按要求的路径登机，疏忽大意被倒车杠绊倒受伤，应当对自己的损失承担一定的过错责任。但 H 航空公司未将摆渡车停放到位是事故发生的根本原因。

X 机场公司对候机大厅外的摆渡车停车区域拥有管理权，负责保障标志标识、设备的安全正常。即使案涉登机口及其外的摆渡车停车区域专属 H 航空公司使用，并不意味着 X 机场公司对该区域没有管理义务。事发冬季早晨，光线不足，且 X 机场公司未开灯照明，是事故发生的主要原因。

因此，二审法院在作出判决时，对 W 某、H 航空公司、X 机场公司的责任分担进行了调整，应由 W 某承担 20%的责任，H 航空公司承担 45%的责任，X 机场公司承担 35%的责任。

[相关法律法规]

1.《民法通则》（2009 年修正）

第九十八条 公民享有生命健康权。

第一百零六条 公民、法人违反合同或者不履行其他义务的，应当承担民事责任。

公民、法人由于过错侵害国家的、集体的财产，侵害他人财产、人身的，应当承担民事责任。

没有过错，但法律规定应当承担民事责任的，应当承担民事责任。

第一百一十九条 侵害公民身体造成伤害的，应当赔偿医疗费、因误工减少的收入、残废者生活补助费等费用；造成死亡的，并应当支付丧葬费、死者生前扶养的人必要的生活费等费用。

2.《民法典》（自 2021 年 1 月 1 日起施行）

第一百一十条第一款 自然人享有生命权、身体权、健康权、姓名权、肖像权、名誉权、荣誉权、隐私权、婚姻自主权等权利。

第一千一百六十五条 行为人因过错侵害他人民事权益造成损害的，应当承担侵权责任。

依照法律规定推定行为人有过错，其不能证明自己没有过错的，应当承担侵权责任。

第一千一百七十九条 侵害他人造成人身损害的，应当赔偿医疗费、护理费、交通费、营养费、住院伙食补助费等为治疗和康复支出的合理费用，以及因误工减少的收入。造成残疾的，还应当赔偿辅助器具费和残疾赔偿金；造成死亡的，还应当赔偿丧葬费和死亡赔偿金。

[案例4]

C某与H国际机场有限公司违反安全保障义务责任纠纷案

原　告：C某

被　告：H国际机场有限公司

案　由：违反安全保障义务责任纠纷

[案情概述]

2019年，C某计划搭乘20时30分飞往X市的航班，但由于晚上雨天路滑，在H国际机场外的道路上不慎滑倒骨折。C某向人民法院提起民事诉讼，以H国际机场有限公司（以下简称“H机场公司”）违反安全保障义务为由，要求H机场公司赔偿其伤残赔偿金、误工费、精神损失费等各项费用数十万元。

[主要争议]

H机场公司是否尽到了合理的安全保障义务？

[处理结果]

一审法院经审理后认为H机场公司在本案中已经尽到了合理的安全保障义务，无需承担责任。

[裁判要旨]

H 机场公司是否尽到了合理的安全保障义务?

C 某滑倒骨折之日恰逢雨天，滑倒的区域处于露天场地，在雨天的情况下，室外道路被雨水淋湿是正常现象，不属于 H 机场公司所能控制的事项范围。本案中，H 机场公司管理的航站楼已经通过验收合格，摔倒之处的地砖也经过了防滑处理。C 某滑倒之前两日持续降雨，在同样的天气环境与同样的场地条件下，仅发生 C 某一起摔倒事件，由此可见，该场地状况并不必然导致旅客摔倒。此外，C 某滑倒摔伤之时距离航班计划起飞时间仅 40 分钟左右，C 某为其预留的办理登机及通关的时间并不充裕。由于 C 某仓促赶路，且路面被雨淋湿的条件下，造成了 C 某摔倒的结果。综上，阻止露天路面被雨淋湿的情况不应作为 H 机场公司的义务，H 机场公司已经在合理范围内尽到了安全保障义务，不应为此承担侵权责任。

[相关法律法规]

1.《侵权责任法》

第三十七条 宾馆、商场、银行、车站、娱乐场所等公共场所的管理人或者群众性活动的组织者，未尽到安全保障义务，造成他人损害的，应当承担侵权责任。

因第三人的行为造成他人损害的，由第三人承担侵权责任；管理人或者组织者未尽到安全保障义务的，承担相应的补充责任。

2.《民法典》（自2021年1月1日起施行）

第一千一百九十八条 宾馆、商场、银行、车站、机场、体育场馆、娱乐场所等经营场所、公共场所的经营者、管理者或者群众性活动的组织者，未尽到安全保障义务，造成他人损害的，应当承担侵权责任。

因第三人的行为造成他人损害的，由第三人承担侵权责任；经营者、管理者或者组织者未尽到安全保障义务的，承担相应的补充责任。经营者、管理者或者组织者承担补充责任后，可以向第三人追偿。

[案例 5]

X 某与 K 国际机场有限责任公司、D 航空有限公司违反安全保障义务责任纠纷案

原　告：X 某

被告一：K 国际机场有限责任公司

被告二：D 航空有限公司

案　由：违反安全保障义务责任纠纷

[案情概述]

2017 年 10 月，X 某计划乘坐 D 航空有限公司的航班由 K 市飞往北京。航班到达 K 国际机场换机时，X 某在机场廊桥摔到，在相关工作人员进行救助欲将其送往 K 市医院检查治疗时，X 某亲笔写下内容为“本人 X 某，乘坐 D 航空有限公司航班从 K 市前往北京，在 K 国际机场廊桥通道内因自身原因，不慎滑倒，急救人员到场检查，已喷上云南白药无大碍。本人坚持乘机，放弃前往 K 市医院治疗，后续所产生的医疗费用及责任与 D 航空有限公司无关”的《谅解备忘录》后，登机前往北京。X 某返京后自行前往医院就诊，住院两次，支付了医疗费等费用。X 某认为 K 国际机场有限责任公司（以下简称“K 机场公司”）未采取必要的防护措施，放任危险状态持续存在，主观上有明显的过错，应当承担侵权责任。X 某多次与 K 机场公司、D 航空有限公司协商赔偿事

宜未果，为维护其合法权益，诉至法院，请求判决K机场公司、D航空有限公司连带赔偿X某各项经济损失482 127.04元并承担案件的诉讼费用。

[主要争议]

1. K机场公司、D航空有限公司在涉案事件当中是否存在过错？是否应当承担赔偿责任？

2. X某在涉案事件当中是否存在过错？

[处理结果]

一审法院经审理后认为X某的诉讼请求没有事实和法律依据，判决驳回X某的诉讼请求。

[裁判要旨]

1. K机场公司、D航空有限公司在涉案事件当中是否存在过错？是否应当承担赔偿责任？

本案判决时间为2020年。依照当时施行的《侵权责任法》第37条第1款的规定："宾馆、商场、银行、车站、娱乐场所等公共场所的管理人或者群众性活动的组织者，未尽到安全保障义务，造成他人损害的，应当承担侵权责任。"机场属于人流较大的公共交通场所，K机场公司作为该公共场所的管理人，对进入机场内乘客的人身和财产安全负有合理限度范围内的安全保障义务，未尽到安全保障义务，造成他人损害的，应承担侵权责任。安全保障义务是指公共场所的管理人或群众性活动的组织者，对于相关公众的安全应给予合理的注意，疏于注意导致损害的应当承担相应的赔偿责任。该义务具体包括危险预防义务、危险消除义务和发生损害后的救助义务。

首先，K 机场涉事登机廊桥的入口及地面均设置了警示标志以提示危险存在，用以防止意外发生，进行了必要的提醒；廊桥本身也是符合安全设施要求并在正常使用中，K 机场公司已经尽到了合理的危险预防、危险消除义务。其次，不论是从 D 航空有限公司的陈述还是 X 某所写的《谅解备忘录》都可以看出，在 X 某摔倒后，K 机场公司的工作人员已经对原告进行了救助，并欲将其送往 K 市医院就近治疗，但 X 某放弃治疗并坚持乘机飞往北京，K 机场公司、D 航空有限公司已经尽到了发生损害后合理的救助义务，并无过错，不应承担赔偿责任。

2. X 某在涉案事件当中是否存在过错？

K 国际机场作为公众场所，其对公众人员在合理限度范围内负有安全保障义务，但安全保障义务并不是无限责任，而是在合理限度内的注意义务，即安全保障义务是法律基于社会一般人的合理期待而给相关义务人设定的作为义务，该作为义务的范围应当根据公共场所管理人本行业的性质、特点和条件确定。在安全保障义务人提供保障的同时，被保障人也应当具备一定的自我保护、注意义务。

本案中，X 某作为一个完全民事行为能力的成年人，对一般安全负有自我保护、注意义务。X 某在行走过程中未注意保障自己的安全而摔倒受伤，并出具《谅解备忘录》，自认摔倒的原因是其自身造成的，承诺后续产生的医疗费用及责任与 D 航空有限公司无关，应承担相应责任。X 某在诉讼过程中一直诉称机场廊桥地面有积水，但并未提供相应证据予以证实。X 某提交的证据不能证明 D 航空有限公司、K 机场公司具有主观过错，亦不能证明自身伤害与 D 航空有限公司、K 机场公司具有法律上的因果关系，应承担举证不能的法律后果，故 X 某提出 D 航空有限公司、K 机场公司未采取必要的防护措施，放任危险状态持续存在，主观上有明显的过错，应当承担连带赔偿责任的主张，未被法院予以支持。

[相关法律法规]

1.《侵权责任法》

第三十七条 宾馆、商场、银行、车站、娱乐场所等公共场所的管理人或者群众性活动的组织者，未尽到安全保障义务，造成他人损害的，应当承担侵权责任。

因第三人的行为造成他人损害的，由第三人承担侵权责任；管理人或者组织者未尽到安全保障义务的，承担相应的补充责任。

2.《民法典》（自 2021 年 1 月 1 日起施行）

第一千一百九十八条 宾馆、商场、银行、车站、机场、体育场馆、娱乐场所等经营场所、公共场所的经营者、管理者或者群众性活动的组织者，未尽到安全保障义务，造成他人损害的，应当承担侵权责任。

因第三人的行为造成他人损害的，由第三人承担侵权责任；经营者、管理者或者组织者未尽到安全保障义务的，承担相应的补充责任。经营者、管理者或者组织者承担补充责任后，可以向第三人追偿。

3.《民事诉讼法》(2017 年修正)

第六十四条 当事人对自己提出的主张，有责任提供证据。

当事人及其诉讼代理人因客观原因不能自行收集的证据，或者人民法院认为审理案件需要的证据，人民法院应当调查收集。

人民法院应当按照法定程序，全面地、客观地审查核实证据。

[案例6]

Y某与H机场股份有限公司违反安全保障义务责任纠纷案

原　告：Y某

被　告：H机场股份有限公司

案　由：违反安全保障义务责任纠纷

[案情概述]

2013年6月15日9时许，Y某至H国际机场并办理好登机牌，之后与亲属在航站楼停留，12时38分许Y某至1号航站楼21号登机口准备登机时方得知航班的登机口已从21号变更为16号，12时40分许赶往16号登机口过程中，Y某在22号登机口附近摔倒受伤。Y某受伤后先后被送至人民医院和中医医院进行救治，并对伤情进行了鉴定。Y某主张没有听到登机口变更的通知，造成其时间紧迫且地面湿滑而摔倒，并据此要求H机场股份有限公司（以下简称“H机场公司”）承担赔偿责任。因与H机场公司就赔偿事宜无法达成一致，Y某起诉至法院，请求判令H机场公司承担其医疗费、误工费、护理费、营养费等各项损失共计10万余元的全部赔偿责任并对后续治疗产生的费用保留诉权。

[主要争议]

1. H机场公司是否尽到了安全保障义务？

2. H 机场公司是否尽到了通知义务？

[处理结果]

一审法院经审理后驳回 Y 某要求 H 机场公司赔偿医疗费等各项损失的诉讼请求。Y 某不服一审法院民事判决，提起上诉。

二审法院经审理后于 2015 年作出终审判决：驳回上诉，维持原判。

[裁判要旨]

1. H 机场公司是否尽到了安全保障义务？

H 机场公司作为事发场所的管理人，对于其场所内的配套设施的安全性负有保障义务。Y 某认为事发场所的地面湿滑致其摔倒受伤，H 机场公司未能尽到安全保障义务，应对其损害承担赔偿责任。对此 H 机场公司提供了事发当日的航站区运行报告，该报告上记载了 Y 某当天受伤的经过，并写明“经查看地面没有湿滑”；且 H 机场公司提供的事发当天 Y 某关于事故经过的书面陈述中亦未提及摔倒原因系地面湿滑，仅说明 Y 某由于时间紧张、步行速度超出正常范围后摔倒，因此人民法院认为 H 机场公司已经尽到了相应的举证责任证明其尽到了安全保障义务。

2. H 机场公司是否尽到了通知义务？

变更登机口是基于机场和航班调度的实际需要，在飞机实际运营过程中并非不可预见。不需要也不可能征求乘客的同意再行变更，机场和航空公司需要履行的是告知义务。在登机牌上已经明确提示乘客过安检后再次确认登机口信息，而与Y某同一航班的其他乘客的正常登机和航班的正常起飞，足以证明H机场公司已经按照正常程序对登机口的变更广而告之。Y某自身亦有乘坐飞机的经历，且Y某确实也在上午9时许就到达机场换好登机牌。视频资料清楚显示，Y某直至12时38分才开始进入21号登机口候机室附近。Y某没有及时得知系其自己疏忽所致。二审法院认为通知变更登机口一事与Y某摔倒之间无直接因果关系，未采纳Y某的该项上诉理由。

[相关法律法规]

1.《侵权责任法》

第六条 行为人因过错侵害他人民事权益，应当承担侵权责任。

根据法律规定推定行为人有过错，行为人不能证明自己没有过错的，应当承担侵权责任。

第三十七条 宾馆、商场、银行、车站、娱乐场所等公共场所的管理人或者群众性活动的组织者，未尽到安全保障义务，造成他人损害的，应当承担侵权责任。

因第三人的行为造成他人损害的，由第三人承担侵权责任；管理人或者组织者未尽到安全保障义务的，承担相应的补充责任。

2.《民法典》（自2021年1月1日起施行）

第一千一百六十五条 行为人因过错侵害他人民事权益造

成损害的，应当承担侵权责任。

依照法律规定推定行为人有过错，其不能证明自己没有过错的，应当承担侵权责任。

第一千一百九十八条 宾馆、商场、银行、车站、机场、体育场馆、娱乐场所等经营场所、公共场所的经营者、管理者或者群众性活动的组织者，未尽到安全保障义务，造成他人损害的，应当承担侵权责任。

因第三人的行为造成他人损害的，由第三人承担侵权责任；经营者、管理者或者组织者未尽到安全保障义务的，承担相应的补充责任。经营者、管理者或者组织者承担补充责任后，可以向第三人追偿。

本节案例评述

1. 机场管理机构的安全保障义务应当是绝对充分的吗？

在《民法典》生效实施前，《侵权责任法》第 37 条规定了公共场所管理人的安全保障义务及其责任承担。《民法典》生效后，安全保障义务将依据其第 1198 条第 1 款的规定："宾馆、商场、银行、车站、机场、体育场馆、娱乐场所等经营场所、公共场所的经营者、管理者或者群众性活动的组织者，未尽到安全保障义务，造成他人损害的，应当承担侵权责任。"《民法典》将安全保障义务人分为两类：一是宾馆、商场、银行、车站、机场、体育场馆、娱乐场所等经营场所、公共场所的经营者、管理者；二是群众性活动的组织者。考虑到在法律中明确哪类群体属于安全义务保护对象比较困难，因此，《民法典》将安全保障义务的保护对象定义为"他人"，没有具体的指代。[1]

《民用机场管理条例》将机场定位为公共基础设施，其管理属于公共管理的范畴。鉴于此，机场等公共基础设施的管理有别于一般管理。不仅于此，《民法典》第 1198 条中虽规定了"管理者"应履行安全保障义务，但对具体标准及操

〔1〕 黄薇主编：《中华人民共和国民法典释义》，法律出版社 2020 年版，第 2324 页。

作未作进一步说明。那么，“管理者”所承担的安全保障义务应该是无边界的吗？

学界一些代表性专家提出，“对民事权益的救济不应没有限度，因为对受到损害的权益进行救济，实际上同时也为他人设定了某种行为模式。”〔1〕经营者安全注意义务的承担应当存在一个底线……例如，就酒店、宾馆、娱乐场所、商场、银行机构等经营者而言，其营业活动固然导致了危险源的开启，但损害发生既可能是因为自身的原因造成，也可能是因不良的社会治安状况所带来，如果要让其承担这种“被允许的危险”所可能产生的所有损害，则人们也就不可能享受这种“危险活动”所带来的物质文明和精神文明成果了……〔2〕结合前文案例可知，司法实践和学界专家均认为将安全保障义务限定在一定范围内是合理的。

由于法律制度未作明确说明，现今对安全保障义务合理范围的判断标准是多样的。安全保障义务就是要求义务人应采取一定的行为来使他人的人身和财产免受伤害。安全保障义务人的广泛性决定了不同义务人对不同保护对象所承担的义务内容是不同的，可能根据法律制度的规定，也可能基于双方合同约定，甚至是来自公序良俗、诚实信用等。

结合司法实践及学界一些有代表性的观点，具体来说，

---

〔1〕 张新宝：《民事权益救济与行为自由保护》，载《光明日报》2009年2月12日，第9版。

〔2〕 熊进光：《侵权行为法上的安全注意义务研究》，法律出版社2007年版，第216页。

首先，应确定管理者在理性认知下应预见的风险和义务，包括法律规定、行业标准、双方约定以及合理注意，以初步确定义务范围；其次，认定被侵权人通过理性判断应当预见的自愿承担的风险，并将其排除在管理者安全保障义务范围之外；最后，从保护措施是否合理、控制措施是否合理以及警告措施是否合理的角度对安全保障义务的合理限度进行界定。

也就是说，法律并没有要求公共场所的管理者应采取绝对充分的措施避免所有损害的发生。在可以合理地相信被侵权人本应自己预见的显而易见的风险，其自身未能妥善处理招致损害的情况下，根据《民法典》相关规定，判定安全保障义务人是否已尽到安全保障义务。

2. 机场建筑物内旅客伤害事件现场资料收集建议指导

依据《民法典》第1165条[1]和第1198条[2]对安全保障义务及其责任主体的特殊规定，安全保障义务属经营场所、公共场所的经营者、管理者或者群众性活动的组织者负有的法定义务。被侵权人因前述经营者、管理者或组织者未履行或未完全履行安全保障义务而受到侵害提出赔偿请求时，如

---

〔1〕《民法典》第1165条规定："行为人因过错侵害他人民事权益造成损害的，应当承担侵权责任。依照法律规定推定行为人有过错，其不能证明自己没有过错的，应当承担侵权责任。"

〔2〕《民法典》第1198条规定："宾馆、商场、银行、车站、机场、体育场馆、娱乐场所等经营场所、公共场所的经营者、管理者或者群众性活动的组织者，未尽到安全保障义务，造成他人损害的，应当承担侵权责任。因第三人的行为造成他人损害的，由第三人承担侵权责任；经营者、管理者或者组织者未尽到安全保障义务的，承担相应的补充责任。经营者、管理者或者组织者承担补充责任后，可以向第三人追偿。"

果经营者、管理者或组织者否认自己存在过错，则过错的举证责任由经营者、管理者或组织者承担，由其证明自己没有过错的事实。如果经营者、管理者或组织者能够证明自己没有过错，则免除其责任；如果经营者、管理者或组织者不能证明其没有过错，或者证明不足，则过错推定成立，应当承担相应的责任。〔1〕通过前述案例亦可以看出，证据的留存对于机场管理机构证明已尽到安全保障义务是相当重要的。

以下就现场证据材料收集提供如下建议：

第一，就视听资料而言，鉴于机场人员密集、流量大、监控区域广、监控系统自身的保存时间有限，如果没有及时提取事发现场的视听资料（视频、录音等），等到需要时再去查找，资料很可能已经被覆盖而无法提取了。因此，建议在得知其管辖场所内发生摔伤、绊倒等事件的第一时间就对事发现场的视听资料予以提取保存，包括但不限于事发地点的视频监控录像、值班或急救通报的电话录音等。同时还要注意提取保存事件发生之前的一段时间内的该区域环境、设备、人员、作业情况的视频监控录像，以便查明机场管理机构是否尽到了安全保障的义务。

第二，对于书证而言，一般类型包括但不限于以下三类：①现场情况描述，包括伤者或其同行人员签字确认的现场情况描述和现场工作人员、现场其他人员（含其他旅客）签字

〔1〕 黄燕、李瑶：《浅谈安全保障义务规则原则》，载 https://www.chinacourt.org/article/detail/2013/12/id/1162640.shtml，最后访问日期：2020 年 10 月 20 日。

确认的现场情况描述；②各相关单位出具的证明，包括现场值班人员的工作记录、急救医生的出诊记录、报警记录、出警记录、警方现场勘验记录等；③旅客资料，如姓名、国籍、年龄、性别、职业、身份证号码、家庭住址、联系电话等。上述材料应尽可能提取原件，提取原件有困难的，可以采取扫描、拍照或者复制等方式加以固定。

第三，其他有效资料。由于机场旅客的快速流动性，对于摔伤、绊倒等事件现场的其他资料应由现场工作人员第一时间收集，否则一旦伤者离开则难以再次获得。假如现场有其他区域工作人员正在工作，包括但不限于登机口的地服人员、附近区域的保洁人员、机场大使、急救人员等，都应及时采集相关工作人员的姓名、工作单位、联系方式等信息，为日后事件处置提前做好准备。为确保采集资料的真实性、准确性与可靠性，建议采用笔录或者录音的方式，笔录经本人核对后予以签字或盖章确认。

3. 航站楼旅客伤害事件纳入国家赔偿的法律探讨

(1) 民用机场航站楼的属性。

为探讨民用机场航站楼旅客伤害事件是否纳入国家赔偿，首先应讨论并明确航站楼的属性问题。民用机场是航空运输活动的一个环节，其投资成本巨大，回收周期长，收益率低。随着机场业的改革，投资主体呈多元化，民用机场范围内的不动产呈现出所有者与占有者不同的状态。通过类型化分析，民用机场航站楼存在四种样态：第一类是由国家投资建设，所有权归属于国家，并由行政主体直接管理；第二类是由国家投资建设，所有权归属于国家，但由行政主体委托或授权其他法人、组织管理；第三类是国家投资建设，通过一系列程序归为其他法人、组织所有，由行政主体同意或授权该法人、组织为实现公共利益而提供给公众使用并实施管理；第四类是由国家之外的其他法人、组织投资建设，由行政主体同意或授权该法人、组织执行公务或提供给公众使用，并由该法人、组织实施管理。

根据大陆法系行政法理论，国家以满足公共利益为目的而开展的活动是一种公务活动。当国家认为某种公共利益通过私人活动无法满足，便将其作为一种公务，由国家保证实施。行政主体的财产若仅为公务使用，则为行政主体的公产；若为公务使用的同时兼具提高财政收入的目的，则可认为是行政主体的私产。在我国，民用机场航站楼多由国家和地方政府投资建设，是属于国家的财产。

我国现行法律制度没有释明民用机场航站楼的属性。结合财产属性、功能作用等相关内容，民用机场航站楼可以认为是为了满足公众航空出行需要而设置的、经人工加工而形成的建筑物。“服务公众”是从功能目的的角度表述航站楼的属性，这与所有权是两个不同的维度，即使所有者与占有者不一样，也不改变其“公共使用”的目的。也就是说，无论民航机场航站楼的所有权归属于国家还是其他法人、组织，其作为国家履行公务所需的载体，具有“公共使用”的属性。

（2）航站楼旅客伤害事件赔偿制度介绍。

在我国现行法律制度中，航站楼旅客伤害赔偿问题主要通过民事途径来解决，形成了由一般法和特别法共同组成的，并以“违反安全保障义务”为兜底的规则体系。

一方面，根据“特别法优先”的法律适用规则，《民用航空法》有规定的优先适用《民用航空法》。依照《民用航空法》第124条之规定：“因发生在民用航空器上或者在旅客上、下民用航空器过程中的事件，造成旅客人身伤亡的，承运人应当承担责任；但是，旅客的人身伤亡完全是由于旅客本人的健康状况造成的，承运人不承担责任。”因此，当发生旅客在上、下民用航空器过程中的伤害事件时，基于旅客在航空运输企业的“照管”之下，由航空运输企业对此承担相应的赔偿责任。

另一方面，在上、下民用航空器过程之外发生的人身或财产损害事件，则适用民法的一般规则。这是本部分评述所探讨的范围。根据2021年1月1日起施行的《民法典》第1252条〔1〕的规定，建筑物、构筑物或者其他设施倒塌、塌陷造成他人损害的，分两种情形进行归责：如存在质量缺陷的，由建设单位与施工单位承担连带责任；非因质量缺陷，由于所有人、管理人、使用人或者第三人的原因，造成建筑物、构筑物或者其他设施倒塌、塌陷的，由所有人、管理人、

〔1〕《民法典》第1252条规定：“建筑物、构筑物或者其他设施倒塌、塌陷造成他人损害的，由建设单位与施工单位承担连带责任，但是建设单位与施工单位能够证明不存在质量缺陷的除外。建设单位、施工单位赔偿后，有其他责任人的，有权向其他责任人追偿。因所有人、管理人、使用人或者第三人的原因，建筑物、构筑物或者其他设施倒塌、塌陷造成他人损害的，由所有人、管理人、使用人或者第三人承担侵权责任。”

使用人或者第三人承担侵权责任。《民法典》第1253条[1]规定，建筑物、构筑物或者其他设施及其搁置物、悬挂物发生脱落、坠落造成他人损害，适用过错推定原则，所有人、管理人或者使用人不能证明自己没有过错的，应当承担侵权责任。作为经营场所或公共场所的建筑物，因场地、维护、管理等瑕疵造成他人损害的，适用《民法典》第1198条[2]违反安全保障义务责任的规定，由经营者或管理者承担赔偿责任。

法国作为行政法的母国，其对航站楼旅客伤害事件的相关制度规定是什么呢？

在法国，“国家或其他行政主体所经营和管理的飞机场及其附属设备，不论其是否只供行政主体自用或开放供一般商业飞机使用，都符合公产标准。”[3]因此机场建筑物是属于公产的公共建筑物。[4]

---

〔1〕《民法典》第1253条规定：“建筑物、构筑物或者其他设施及其搁置物、悬挂物发生脱落、坠落造成他人损害，所有人、管理人或者使用人不能证明自己没有过错的，应当承担侵权责任。所有人、管理人或者使用人赔偿后，有其他责任人的，有权向其他责任人追偿。”

〔2〕《民法典》第1198条规定：“宾馆、商场、银行、车站、机场、体育场馆、娱乐场所等经营场所、公共场所的经营者、管理者或者群众性活动的组织者，未尽到安全保障义务，造成他人损害的，应当承担侵权责任。因第三人的行为造成他人损害的，由第三人承担侵权责任；经营者、管理者或者组织者未尽到安全保障义务的，承担相应的补充责任。经营者、管理者或者组织者承担补充责任后，可以向第三人追偿。”

〔3〕王名扬：《法国行政法》，北京大学出版社2016年版，第243页。

〔4〕王名扬：《法国行政法》，北京大学出版社2016年版，第355页。

法国行政法体系下，[1]公共建筑物是经过人为的加工，以满足某种公共利益为目的的不动产。与公共建筑物有联系的损害属于公共工程损害，包括公共建筑物存在所产生的损害、公共建筑物运行造成的损害、公共建筑物缺乏正常维修造成的损害。公共工程损害赔偿由地方行政法庭受理。它有别于一般的行政诉讼要求必须有一方当事人是行政主体，两个私人主体之间，如私人诉承包商、受特许人，也是由地方行政法庭受理。但因履行工商业公务使用的公共建筑物所引起的损害是例外。根据行政法院的判例，受害人分为三类，即第三者、公共建筑物的使用者、公共工程的参加者，分别适用不同的赔偿责任。凡是公共工程的参加者和公共建筑物的使用者以外的都是第三者，适用无过错赔偿原则；公共建筑物的使用者适用过错推定原则。

按照损害产生的阶段不同，根据实施者对自己行为负责的原则，承担公共建筑物损害责任。就工程实施阶段而言，如果公共工程由承包商实施，受害人可以对承包商和建筑师起诉。承包商对工程的施工和材料方面的缺陷负侵权行为责任；建筑师主要对建筑物的设计缺陷和不遵守建筑物管理规则的行为负侵权责任。对承包商和建筑师赔偿责任的诉讼时效是 30 年。如果由受特许人实施公共工程建设，施工过程中引发的损害由受特许人赔偿。

---

〔1〕 王名扬：《法国行政法》，北京大学出版社 2016 年版，第 321～358 页。

就建筑物存在和运行的阶段而言，如果是非特许经营管理的公共建筑物，行政法院允许受害人对任何一个行政主体起诉。赔偿责任最后由哪个行政主体负责，视情况而定。如损害由于公共建筑物运行所产生，由主管公务的行政主体或负责维修的行政主体负责；如果由于“公共建筑物存在”本身所引起的，通常由公共建筑物的所有者承担赔偿责任。特许经营管理的公共建筑物所产生的损害，由受特许人负主要赔偿责任。受特许人无清偿能力时，行政主体承担补充赔偿责任。

法国是最早通过判例确立国家赔偿责任，将国家赔偿责任从民事侵权责任中分离出来的国家。[1]法国的国家赔偿制度理论始于其《人权宣言》（Declaration of the Rights of Man and of the Citizen）。根据这一理论，国家公务活动的目的是为了社会全体成员的公共利益，社会全体成员同等享受公务活动的利益结果，同时应平等地分担费用。公共负担平等理论对法国国家赔偿制度的发展影响很大，法国国家赔偿中的

〔1〕 布朗戈的女儿被法国纪龙德省国营烟草公司的工人在作业时撞伤。布朗戈认为对国营公司工人所犯的过失国家应按民法的有关规定负赔偿责任，于是他向普通法院提起诉讼。案件被受理后，被告对管辖权提出异议，认为应由行政法院受理。此案后由权限争议法庭于 1873 年 2 月 8 日作出判决，承认了国家赔偿责任。法院在判决中写道：“国家由于其使用人在公务中对私人所造成的损害的责任，不能受民法中对私人相互间关系所规定的原则所支配……这个责任既非普遍性的，也非绝对性的，它有其本身的特殊规则。这些规则根据公务的需要，和平衡国家权力与私人权利的必要性而变化。” 参见王名扬：《法国行政法》，北京大学出版社 2016 年版，第 563 页。

无过错责任的确立主要以此为基础。[1]

(3) 我国航站楼旅客伤害赔偿体系的局限性。

通过比较可以发现，我国民用机场航站楼的内涵与法国行政法下“公共建筑物”的内涵相符，可以作为公共建筑物的一种。根据我国民事法律规范，民用机场航站楼相关损害赔偿责任的实行按照一般民事侵权责任规则进行，即将“公共建筑物”所产生的赔偿责任定性为民事侵权赔偿责任。这种适用有其自身的局限性。

首先，民法调整的是平等主体的自然人、法人和非法人组织之间的人身关系和财产关系。事实上，在大部分航站楼旅客伤害事件中存在三方主体：一是航站楼的所有者（大多数情况下是国家，也有其他合法拥有所有权的主体）；二是管理者（行政主体或经法律、法规授权或许可的其他法人，包括企业、事业单位、其他组织）；三是使用者（自然人）。这三方当事人之间并不是平等的民事主体关系。公民之间、法人之间、其他组织之间以及他们相互之间因财产关系和人身关系提起的诉讼是民事诉讼的范围；自然人、法人因行政主体财产受到损害，并不完全属于民事诉讼的受理范围。

其次，现行民法制度对建筑物致害行为并未充分列举。致害行为多为“倒塌、塌陷、脱落、坠落”，但是现实中却存在更多复杂的情形，比如建筑物存在本身造成的损害、因

〔1〕 参见江必新：《国家赔偿与民事侵权赔偿关系之再认识——兼论国家赔偿中侵权责任法的适用》，载《法制与社会发展》2013年第1期。

设置建筑物并因其运行造成的损害并未包含在现行民法制度中。

（4）公共建筑物的损害赔偿与民法的赔偿不宜混为一谈。

公共建筑物损害赔偿责任涉及的法律关系、责任主体、理论根据、归责原则均与民事赔偿有很大不同。就法律关系而言，首先，前者带有浓厚的公法色彩。公共建筑物无论是由行政主体直接设置（如设计、建造）、管理或委托、授权其他法人代为管理，国家都处在事实的管理状态下，受委托、经授权的其他法人不仅应妥善管理和维护，也不得随意处置，其管理行为还受到国家的监督。〔1〕其次，当公共建筑物属于国家的财产时，自然人作为国家财产的使用者，与财产的设置和管理者不是一种平等的法律关系。即使该财产交由其他法人、组织（如企业、事业单位）管理或者划归至其他法人、组织并由其实际实施管理，鉴于其他法人、组织是由国家选任的，其管理行为是由国家授权且受国家监督的，因此，

---

〔1〕 例如，《行政许可法》（2019 年修正）第 67 条规定："取得直接关系公共利益的特定行业的市场准入行政许可的被许可人，应当按照国家规定的服务标准、资费标准和行政机关依法规定的条件，向用户提供安全、方便、稳定和价格合理的服务，并履行普遍服务的义务；未经作出行政许可决定的行政机关批准，不得擅自停业、歇业。被许可人不履行前款规定的义务的，行政机关应当责令限期改正，或者依法采取有效措施督促其履行义务。"《民用机场管理条例》第 21 条第 1 款规定："机场管理机构应当按照运输机场使用许可证规定的范围开放使用运输机场，不得擅自关闭。"第 27 条规定："机场管理机构应当依照国家有关法律、法规和技术标准的规定，保证运输机场持续符合安全运营要求。运输机场不符合安全运营要求的，机场管理机构应当按照国家有关规定及时改正。"

这些法人、组织不应作为最终赔偿义务的承担者。[1]就责任主体来看，公共建筑物损害赔偿责任的主体主要是设置和管理该建筑物的行政主体或其他被授权、经委托的法人、组织。从理论依据上，国家行使公务设置公共建筑物，社会全体成员同等享受公务活动的利益结果，应平等地分担费用。对于因公共利益而执行公务所产生的损害，以国家财产予以社会保障。[2]在归责原则方面，国家对履行公务的责任追究不以行为人的主观过错为准，而是更多地关注于对特别牺牲的公共负担，由此确定的无过错责任原则明显区别于民事侵权责任中的过错原则。[3]

(5) 国家赔偿中增设公共建筑物致害赔偿的必要性。

公共建筑物产生的损害赔偿责任是一种独立的责任，与国家运用公权力行使公务行为相关，被侵权人请求赔偿的权利属于公法上的权利。因此，应考虑将该项侵权损害赔偿纳入国家赔偿。

1994 年我国《国家赔偿法》制定之时，国家赔偿的范围不包括公共建筑物导致的损害。全国人大常委会法工委在《国家赔偿法》草案中作了如下说明："桥梁、道路等国有公

〔1〕 参见马怀德、喻文光：《公有公共设施致害的国家赔偿责任》，载《法学研究》2000 年第 2 期。

〔2〕 参见吕宁：《论公有公共设施致害的国家赔偿》，载《政治与法律》2014 年第 7 期。江必新：《国家赔偿与民事侵权赔偿关系之再认识——兼论国家赔偿中侵权责任法的适用》，载《法制与社会发展》2013 年第 1 期。

〔3〕 参见江必新：《国家赔偿与民事侵权赔偿关系之再认识——兼论国家赔偿中侵权责任法的适用》，载《法制与社会发展》2013 年第 1 期。

共设施，因设置、管理欠缺发生的赔偿问题，不属于违法行使职权的问题，不纳入国家赔偿的范围。受害人可以依照民法通则等有关规定，向负责管理的企业、事业单位请求赔偿。”〔1〕当时主要出于以下三个方面的考虑：一是集中解决行政行为违法侵犯相对人权利的问题；二是考虑财政支出问题，因为当时国家兴建的公共设施由行政主体直接管理或由全民所有制企事业单位管理；三是国家赔偿有最高金额的限制，受害人通过民事制度可以获得更好的救济。

随着现代行政从权利行政转向服务行政（给付行政），〔2〕行政活动中提供服务的行为逐渐增多，例如，建造公共基础设施、提供水电、交通服务等，服务行政行为使行政活动的内涵愈发丰富。在现代社会，国家为保障人民福祉，有义务提供公共服务，公民有权利用公有公共设施以及从政府得到福利给付。〔3〕行政主体在提供公共利益履行公务时亦是行政权力的一种行使，怠于履行这种义务或是未尽到合理审慎义务，使得某种服务或管理行为存在瑕疵，可以认为行政主体在权力运用上没有积极履行或者是消极履行其职责，可以视为一种行政上“不作为”。

国家社会经济较之 1994 年实现了跨越式的发展。2010 年

〔1〕 胡康生：《关于中华人民共和国国家赔偿法（草案）的说明》，1993 年 10 月 22 日第八届全国人大常委会第四次会议。

〔2〕 “本质上，当今行政应系给付之主体。”参见城仲模：《四十年来之行政法》，载《法令月刊》1990 年第 10 期。

〔3〕 参见马怀德、喻文光：《公有公共设施致害的国家赔偿》，载《法学研究》2000 年第 2 期。

《国家赔偿法》修改时，将总则中“违法”二字去掉，[1]意味着国家赔偿不再是单一违法原则，为国家赔偿多元化归责原则提供了空间，亦为公共建筑物致害纳入国家赔偿提供了可行性。在司法实践中，亦有一些法院承认公共设施致害的国家赔偿责任。[2]

公共建筑物致害纳入国家赔偿后，在整体的建筑物致害赔偿体系中，国家赔偿与民事赔偿制度之间形成了填补适用的格局。[3]民事赔偿具有补充性或填补性。

具体而言，由行政主体直接设置并管理的公共建筑物损害赔偿责任应当纳入国家赔偿的范围，即第一类民用机场航站楼的情况。由行政主体设置，无论是否划归其他法人所有，其管理模式是由行政主体委托或授权其他法人、组织予以运行的公共建筑物造成的损害，可以参考借鉴行政法特许经营管理公共建筑物致害制度，即如因管理或运行瑕疵造成的损

---

〔1〕《国家赔偿法》(2010 年修正) 第 2 条第 1 款规定：“国家机关和国家机关工作人员行使职权，有本法规定的侵犯公民、法人和其他组织合法权益的情形，造成损害的，受害人有依照本法取得国家赔偿的权利。”

〔2〕2004 年 5 月 28 日晚，原告李某之夫赵某驾驶摩托车沿某国道由西向东行至某村西侧时，撞在路面上的一堆建筑垃圾上致伤，经抢救无效于同年 6 月 2 日死亡。垃圾倾倒者已无法查找。原告依《公路法》有关规定，以某市公路局为被告提起行政诉讼，要求判令某市公路局赔偿损失。法院认为，公路局作为公路管理机构，负有对公路进行养护并保证公路经常处于良好的技术状态的职责，公路部门未全面及时履行其法定职责，应当承担赔偿责任。受害人未尽到注意安全的义务，亦应自行承担部分责任。遂判决某市公路局赔偿原告各项损失 38 500 元。

〔3〕参见江必新：《国家赔偿与民事侵权赔偿关系之再认识——兼论国家赔偿中侵权责任法的适用》，载《法制与社会发展》2013 年第 1 期。

害，由被授权或委托的主体赔偿，该主体无清偿能力时，由国家补充赔偿。但是因建筑物本身“存在”造成的损害或是委托、授权之前存在瑕疵致使损害发生，不应由被授权或委托的主体承担最终赔偿责任。第二类与第三类民用机场航站楼可适用此种情况。第四类民用机场航站楼，虽由私主体建造并归属于私法人，但因行政行为使之服务于公众，鉴于公法人的设置行为属于公权力履职行为，由此产生的瑕疵致害应纳入国家赔偿的范围。当然，如因该建筑管理或运行导致的伤害，则由负责管理、维修的主体承担相应的责任。

PART 2

二

机场的安全环境保护

[案例 1]

S 国际机场股份有限公司与 G 某相邻损害防免关系纠纷案

原　告：S 国际机场股份有限公司

被　告：G 某

案　由：相邻损害防免关系纠纷

[案情概述]

S 国际机场股份有限公司（以下简称“S 机场公司”）在 Y 区建有机场。G 某在其承包的土地上种植的树木位于机场净空保护区和电磁环境保护区内，现树木高度已超过相关限制要求，违反了民用机场净空（aerodrome obstacle free space）及电磁环境保护法规，对机场安全运行造成了妨害，需立即清除。为此，S 机场公司曾多次委托相关人员找 G 某协商，要求 G 某将其承包的土地内超高的树木砍伐，但 G 某一直没有砍伐，为维护机场安全运行，S 机场公司诉诸法院，请求依法裁判：①判令 G 某立即砍伐掉其在承包土地上种植的以下树木：距离 S 国际机场围界 50 米、树高超过 0.3 米的树木；②诉讼费由 G 某承担。

[主要争议]

S 机场公司是否有权要求 G 某砍伐其种植在机场净空保护区和电磁环境保护区内的树木?

[处理结果]

S 机场公司与 G 某调解结案。

[裁判要旨]

S 机场公司是否有权要求 G 某砍伐其种植在机场净空保护区和电磁环境保护区内的树木?

S 机场跑道始建于 1974 年。G 某土地承包合同签订于 1998 年 1 月 1 日，合同表明当时租赁土地范围内已存在 4618 棵树木，种植时间暂无从查证。G 某在其承包的土地上种植的树木位于机场净空保护区和电磁环境保护区内，现树木高度已超过相关限制要求，违反了民用机场净空及电磁环境保护法规，对机场安全运行造成了妨害。依据《民用机场管理条例》第 15 条规定:“运输机场的安全和运营管理由依法组建的或者受委托的具有法人资格的机构（以下简称机场管理机构）负责。”第 52 条规定:“民用航空管理部门和机场管理机构应当加强对民用机场净空状况的核查。”第 66 条规定:“违反本条例的规定，机场管理机构因故不能保障民用航空器飞行安全，临时关闭运输机场，未及时通知有关空中交通管理部门并及时向社会公告，或者经批准关闭运输机场后未及时向社会公告的，由运输机场所在地地区民用航空管理机构责令改正，处2万元以上10万元以下的罚款。”可见，机场管理机构对机场的安全运行管理既是一项职权更是一项义务，在机场管理机构未能履行净空保护职责时，将受到民用航空管理部门之行政处罚，因此，S机场公司与本案有直接利害关系，作为原告提起诉讼要求排除妨害主体适格。

依据《民用航空法》第59条规定：“民用机场新建、扩建的公告发布前，在依法划定的民用机场范围内和按照国家规定划定的机场净空保护区域内存在的可能影响飞行安全的建筑物、构筑物、树木、灯光和其他障碍物体，应当在规定的期限内清除；对由此造成的损失，应当给予补偿或者依法采取其他补救措施。”S机场公司应对1974年以前种植的树木进行补偿。由于相关信息无从查证，为了尽快消除安全隐患同时兼顾利益相关人的权益，S机场公司表示愿意对1998年前种植的树木依据林业主管部门评估价格进行补偿。待树木清除后依据树龄区分补偿范围，根据树木种类及胸径等信息评估汇总具体补偿金额。

[相关法律法规]

1.《民用航空法》（2021年修正）

第五十三条第一款 本法所称民用机场，是指专供民用航空器起飞、降落、滑行、停放以及进行其他活动使用的划定区域，包括附属的建筑物、装置和设施。

第五十八条 禁止在依法划定的民用机场范围内和按照国家规定划定的机场净空保护区域内从事下列活动：

（一）修建可能在空中排放大量烟雾、粉尘、火焰、废气而影响飞行安全的建筑物或者设施；

（二）修建靶场、强烈爆炸物仓库等影响飞行安全的建筑物或者设施；

（三）修建不符合机场净空要求的建筑物或者设施；

（四）设置影响机场目视助航设施使用的灯光、标志或者物体；

（五）种植影响飞行安全或者影响机场助航设施使用的植物；

（六）饲养、放飞影响飞行安全的鸟类动物和其他物体；

（七）修建影响机场电磁环境的建筑物或者设施。

禁止在依法划定的民用机场范围内放养牲畜。

第五十九条 民用机场新建、扩建的公告发布前，在依法划定的民用机场范围内和按照国家规定划定的机场净空保护区域内存在的可能影响飞行安全的建筑物、构筑物、树木、灯光和其他障碍物体，应当在规定的期限内清除；对由此造成的损失，应当给予补偿或者依法采取其他补救措施。

2.《民用机场管理条例》（2019 年修订）

第三条 民用机场是公共基础设施。各级人民政府应当采取必要的措施，鼓励、支持民用机场发展，提高民用机场的管理水平。

第十五条 运输机场的安全和运营管理由依法组建的或者

受委托的具有法人资格的机构（以下简称机场管理机构）负责。

第四十九条 禁止在民用机场净空保护区域内从事下列活动：

（一）排放大量烟雾、粉尘、火焰、废气等影响飞行安全的物质；

（二）修建靶场、强烈爆炸物仓库等影响飞行安全的建筑物或者其他设施；

（三）设置影响民用机场目视助航设施使用或者飞行员视线的灯光、标志或者物体；

（四）种植影响飞行安全或者影响民用机场助航设施使用的植物；

（五）放飞影响飞行安全的鸟类，升放无人驾驶的自由气球、系留气球和其他升空物体；

（六）焚烧产生大量烟雾的农作物秸秆、垃圾等物质，或者燃放烟花、焰火；

（七）在民用机场围界外5米范围内，搭建建筑物、种植树木，或者从事挖掘、堆积物体等影响民用机场运营安全的活动；

（八）国务院民用航空主管部门规定的其他影响民用机场净空保护的行为。

第五十二条 民用航空管理部门和机场管理机构应当加强对民用机场净空状况的核查。发现影响民用机场净空保护的情况，应当立即制止，并书面报告民用机场所在地县级以上地方人民政府。接到报告的县级以上地方人民政府应当及时采取有效措施，消除对飞行安全的影响。

[案例2]

D通用航空有限公司与Z太阳能科技有限公司相邻关系纠纷案

原　告：D通用航空有限公司

被　告：Z太阳能科技有限公司

案　由：相邻关系纠纷

[案情概述]

D通用航空有限公司（以下简称“D航空公司”）成立后，经民用航管部门和空军航管部门审批，一直在有效运营。在该运营过程中，D航空公司已经向中国民航局H地区管理局申请了经营许可证的办理。该局在对机场勘测过程中，明确指出了包括Z太阳能科技有限公司（以下简称“Z公司”）等单位在内的影响飞行安全的建筑物，应予以拆除。Z公司修建的三个铁塔距离D航空公司机场跑道中心点分别为1360米、1446米、1340米，此障碍物和其他公司修建的一些建筑物阻碍了审批的进程。

D航空公司向一审法院起诉，请求：①要求Z公司拆除修建在D航空公司单位北边的三个铁塔（或改为地下光缆），排除妨碍，并赔偿损失；②诉讼费由Z公司承担。

[主要争议]

1. D航空公司作为原告提起诉讼，主体是否适格？

2. Z公司是否应当拆除（或改为地下电缆）修建在D航空公司北边的输电铁塔？

[处理结果]

一审法院判决Z公司在判决生效后2个月内拆除（或改为地下电缆）修建在D航空公司北边的输电铁塔，驳回D航空公司其他诉讼请求，案件受理费由Z公司负担。Z公司不服一审法院民事判决，提起上诉。

二审法院经审理后于2018年作出终审判决：撤销原审判决，驳回D航空公司的诉讼请求。一审案件受理费、二审案件受理费由D航空公司承担。

[裁判要旨]

1. D航空公司作为原告提起诉讼，主体是否适格？

中国民用航空H地区管理局出具了关于颁发D通用机场使用许可证的批复，根据《通用机场分类管理办法》（民航发［2017］46号），经审核，同意颁发D通用机场使用许可证。具体为：机场所有者名称为D航空公司，机场管理机构名称为D通用机场有限公司。

根据中国民用航空H地区管理局关于颁发D通用机场使用许可证的批复，D航空公司是机场所有者，与本案有直接利害关系，作为原告提起诉讼要求排除妨害主体适格。

2. Z公司是否应当拆除（或改为地下电缆）修建在D航空公司北边的输电铁塔？

D航空公司已获得中国民用航空H地区管理局颁发的D通用机场使用许可证。依照《民用航空法》第57条的规定："新建、扩建民用机场，应当由民用机场所在地县级以上地方人民政府发布公告。前款规定的公告应当在当地主要报纸上刊登，并在拟新建、扩建机场周围地区张贴。"第59条规定："民用机场新建、扩建的公告发布前，在依法划定的民用机场范围内和按照国家规定划定的机场净空保护区域内存在的可能影响飞行安全的建筑物、构筑物、树木、灯光和其他障碍物体，应当在规定的期限内清除；对由此造成的损失，应当给予补偿或者依法采取其他补救措施。"《民用机场管理条例》第2条第2款规定："民用机场分为运输机场和通用机场。"第46条规定："民用机场所在地地区民用航空管理机构和有关地方人民政府，应当按照国家有关规定划定民用机场净空保护区域，并向社会公布。"根据上述法律、法规规定，划定净空保护区域应由机场所在地县级人民政府发布公告，对影响飞行安全的建筑物等进行清除。本案中，由于D航空公司未能提交县级以上人民政府关于划定净空保护区的公告，无法证明案涉铁塔属于可能影响飞行安全的建筑物、构筑物或其他障碍物体。同时，Z公司在民用机场被许可前已经按照规划建设，即使在划定的净空保护区区内予以清除，亦应对其进行补偿或采取其他补救措施。因此，二审法院驳回了D航空公司的诉讼请求。

[相关法律法规]

1.《民用航空法》(2021 年修正)

第五十七条 新建、扩建民用机场，应当由民用机场所在地县级以上地方人民政府发布公告。

前款规定的公告应当在当地主要报纸上刊登，并在拟新建、扩建机场周围地区张贴。

第五十八条 禁止在依法划定的民用机场范围内和按照国家规定划定的机场净空保护区域内从事下列活动：

(一) 修建可能在空中排放大量烟雾、粉尘、火焰、废气而影响飞行安全的建筑物或者设施；

(二) 修建靶场、强烈爆炸物仓库等影响飞行安全的建筑物或者设施；

(三) 修建不符合机场净空要求的建筑物或者设施；

(四) 设置影响机场目视助航设施使用的灯光、标志或者物体；

(五) 种植影响飞行安全或者影响机场助航设施使用的植物；

(六) 饲养、放飞影响飞行安全的鸟类动物和其他物体；

(七) 修建影响机场电磁环境的建筑物或者设施。

禁止在依法划定的民用机场范围内放养牲畜。

第五十九条 民用机场新建、扩建的公告发布前，在依法划定的民用机场范围内和按照国家规定划定的机场净空保护区域内存在的可能影响飞行安全的建筑物、构筑物、树木、灯光和其他障碍物体，应当在规定的期限内清除；对由此造成的损失，应当给予补偿或者依法采取其他补救措施。

2.《民用机场管理条例》（2019 年修订）

第二条 本条例适用于中华人民共和国境内民用机场的规划、建设、使用、管理及其相关活动。

民用机场分为运输机场和通用机场。

第四十六条 民用机场所在地地区民用航空管理机构和有关地方人民政府，应当按照国家有关规定划定民用机场净空保护区域，并向社会公布。

第五十一条 禁止在距离航路两侧边界各 30 公里以内的地带修建对空射击的靶场和其他可能影响飞行安全的设施。

[案例3]

H某、Q某、L某过失以危险方法危害公共安全罪

公诉机关：人民检察院

被告人：H某、Q某、L某

案　由：过失以危险方法危害公共安全

[案情概述]

北京T航空科技有限公司是一家从事无人机研发的高科技公司。N某作为公司总经理，在明知该公司不具备航空摄影测绘资质且未申请空域的情况下，指派公司职员H某负责某公务机场项目航拍测绘工作。后H某指派Q某、L某进行航拍测绘工作。Q某、L某明知自己不具备操纵无人机资质，在不清楚公司是否申请空域的情况下，于2013年12月29日在平谷区马坊镇石佛寺村南公路上操纵无人机升空进行地貌拍摄。在飞行拍摄过程中被解放军空军雷达监测发现为不明飞行物。北京军区空军出动直升机将其迫降，首都机场则在其间暂停了所有航班起飞，部分航班空中避让、地面等待，直到12时许无人机降落。此次事件导致多架民航飞机避让、延误，造成航空公司经济损失达18 148元。北京军区空军组织各级指挥机构和部队共1226人参与处置，两架歼击机待命升空，两架直升机升空，雷达开机26部，动用车辆123台。

[处理结果]

H 某、Q 某、L 某作为长期从事无人机航拍测绘的人员，应当知道国家对民用航空的相关管理规定，三人已经预见到自己的行为可能发生危害公共安全的后果，却轻信能避免这种结果发生，主观上属于“过于自信的过失”。

三人所属公司受委托从事航拍测绘业务，为确保飞行安全，有义务确认本次航拍是否申请了空域以及相关手续，但无论本案空域的申请责任是在该公司，还是委托在该公司从事航拍的委托单位，均不影响对三人主观过失的认定。法院认定 H 某等三人构成过失以危险方法危害公共安全罪。

[相关法律法规]

《刑法》（2020 年修正）

第一百一十四条 放火、决水、爆炸以及投放毒害性、放射性、传染病病原体等物质或者以其他危险方法危害公共安全，尚未造成严重后果的，处三年以上十年以下有期徒刑。

第一百一十五条 放火、决水、爆炸以及投放毒害性、放射性、传染病病原体等物质或者以其他危险方法致人重伤、死亡或者使公私财产遭受重大损失的，处十年以上有期徒刑、无期徒刑或者死刑。

过失犯前款罪的，处三年以上七年以下有期徒刑；情节较轻的，处三年以下有期徒刑或者拘役。

[案例4]

J某甲、J某乙、P某某与H国际机场有限公司相邻关系纠纷案

原　告：J某甲

原　告：P某某

原　告：J某乙

被　告：H国际机场有限公司

案　由：相邻关系纠纷

[案情概述]

J某甲、P某某、J某乙是H市某区J村村民。H国际机场有限公司（以下简称“H机场公司”）建成通某某营，其所建之地与居民区距离很近，居民自测飞机起飞降落的噪音超过75分贝，有的区域甚至超过90分贝，噪音幅度远远超标。J某甲、P某某、J某乙等村民长期为机场噪音所扰，财产权与健康权受到极大影响。J某甲、P某某、J某乙认为H机场公司对附近村民造成的噪音污染损害违反了相邻关系的有关规定，应当予以整改并对受害居民J某甲、P某某、J某乙给予一次性降噪补偿。

[主要争议]

本案是否属于人民法院的民事受案范围？

[处理结果]

2010年，一审法院裁定驳回J某甲、P某某、J某乙的起诉。

[裁判要旨]

本案是否属于人民法院的民事受案范围？

《民用机场管理条例》第62条规定："民用机场所在地有关地方人民政府应当在民用机场周边地区划定限制建设噪声敏感建筑物的区域并实施控制。确需在该区域内建设噪声敏感建筑物的，建设单位应当采取措施减轻或者避免民用航空器运行时对其产生的噪声影响。民用机场所在地有关地方人民政府应当会同地区民用航空管理机构协调解决在民用机场起降的民用航空器噪声影响引发的相关问题。"因此，本案相邻噪声纠纷应由其他有关机关处理，不属于人民法院受案范围。

[相关法律法规]

1.《民事诉讼法》（2017年修正）

第一百一十九条　起诉必须符合下列条件：

（一）原告是与本案有直接利害关系的公民、法人和其他组织；

（二）有明确的被告；

（三）有具体的诉讼请求和事实、理由；

（四）属于人民法院受理民事诉讼的范围和受诉人民法院管辖。

第一百五十四条第一款 裁定适用于下列范围：

（一）不予受理；

（二）对管辖权有异议的；

（三）驳回起诉；

（四）保全和先予执行；

（五）准许或者不准许撤诉；

（六）中止或者终结诉讼；

（七）补正判决书中的笔误；

（八）中止或者终结执行；

（九）撤销或者不予执行仲裁裁决；

（十）不予执行公证机关赋予强制执行效力的债权文书；

（十一）其他需要裁定解决的事项。

2.《民用机场管理条例》（2019 年修订）

第六十二条 民用机场所在地有关地方人民政府应当在民用机场周边地区划定限制建设噪声敏感建筑物的区域并实施控制。确需在该区域内建设噪声敏感建筑物的，建设单位应当采取措施减轻或者避免民用航空器运行时对其产生的噪声影响。

民用机场所在地有关地方人民政府应当会同地区民用航空管理机构协调解决在民用机场起降的民用航空器噪声影响引发的相关问题。

[案例5]

L某与B国际机场有限公司相邻污染侵害纠纷案

原　告：L某

被　告：B国际机场有限公司

案　由：相邻污染侵害纠纷

[案情概述]

L某住地的北边兴建了机场航站楼。因飞机起降造成的噪音、尾气、冲击波等污染造成L某血压升高、心脏疾病、听力下降，给L某的身心健康造成严重损害。L某认为，因B国际机场有限公司（以下简称“B机场公司”）经营的飞机路过住处产生的噪音最高超过90分贝，已远远超过相关的国家环境质量标准和污染物排放标准，造成严重的噪音及其他污染，且B机场公司在兴建航站楼之初，并未做相应的《环境影响评价报告》。L某遂起诉至法院，请求：①请求依法确认B机场公司停止侵害，即飞机跑道搬离现址；②诉讼费用由B机场公司承担。

[主要争议]

本案是否属于人民法院民事受案范围？

[处理结果]

一审法院于2017年裁定驳回原告L某的起诉。

[裁判要旨]

本案是否属于人民法院民事受案范围?

《民用航空法》第 56 条第 1 款规定:“新建、改建和扩建民用机场,应当符合依法制定的民用机场布局和建设规划,符合民用机场标准,并按照国家规定报经有关主管机关批准并实施。”

L 某因相邻污染侵害纠纷起诉,请求法院判决 B 机场公司停止侵害,将机场跑道搬离,而机场跑道建设属于依法建设项目,其能否搬离、如何搬离以及决定机场航空器的起降等均不属于人民法院民事诉讼的受案范围。人民法院裁定驳回 L 某的起诉。

[相关法律法规]

《民事诉讼法》(2017 年修正)

第一百一十九条 起诉必须符合下列条件:

(一)原告是与本案有直接利害关系的公民、法人和其他组织;

(二)有明确的被告;

(三)有具体的诉讼请求和事实、理由;

(四)属于人民法院受理民事诉讼的范围和受诉人民法院管辖。

本节案例评述

1. 净空保护关乎飞行安全，其处置要求具有即时性。为何机场管理机构仍选择耗时较长的诉讼方式来移除影响飞行安全的设施或制止影响飞行安全的行为？

2009 年颁布实施的《民用机场管理条例》将民用机场定义为公共基础设施，机场管理机构是运输机场安全和运营管理的直接责任主体。根据《行政处罚法》第 19 条的规定："法律、法规授权的具有管理公共事务职能的组织可以在法定授权范围内实施行政处罚。"虽然机场管理机构是法律、法规授权管理公共事务的组织，但是法律、法规并未明确授权机场管理机构在履行公共事务管理职责的同时具有处罚权，违反净空保护禁止性规定情形由民用机场所在地县级以上人民政府行使相关行政处罚权。因此，我国机场管理机构现只能以民事主体身份要求相邻方排除给机场以及航空器起降安全造成的妨害。

考虑到民事诉讼和执行通常耗时较长，为尽快解决净空安全隐患，机场管理机构可能会采取支付高额补偿等方式换取调解。即便提起了民事诉讼，也多是采用"以诉促调"的策略。就个案而言，这种方式能够发挥机场管理机构的主动性，但却不是最佳实践。妨碍公共利益的一方反而从中获利，使得确保航空安全等禁止性规定的严肃性、强制性打了折扣。

2. 关于民用机场相邻关系的法律探讨

根据我国现行《民用航空法》第 53 条第 1 款的规定，民用机场是指专供民用航空器起飞、降落、滑行、停放以及进行其他活动使用的划定区域，包括附属的建筑物、装置和设施。2009 年 4 月 13 日，国务院发布的《民用机场管理条例》在第 3 条中明确民用机场是公共基础设施，即民用机场作为公共交通基础设施，是供民用航空器起飞、降落、滑行、停放的场所。这些规定明确了民用机场的范围，为规范供民用航空器使用的机场建设和管理提供了法律依据。

民用机场作为一种公共基础设施，有其公法上的独特地位。根据行政法学中行政公产的理论，可将民用机场视作行政公产中公共公产的一种。行政公产是指为了提供公用而由行政主体所有或管领的财产，而公共公产作为广义行政公产中的一种，是指直接以维持和增进社会公共福利为目的而供一般公众共同使用的公产。根据该定义，行政公产的提供者是行政主体，其目的是为提供公用增进社会公共利益，而且其本身应当是一种财产。实践中，民用机场多由政府投资建设，政府对其享有所有权或管理权。民用机场与公路、铁路等交通基础设施发挥的作用相似，政府修建机场、公路、铁路等基础设施均是为一般公众出行提供便利，增进社会公共利益，简言之，政府建立民用机场是为了提供公用。综上，民用机场符合行政公产的特征，是一种行政公产。

公产的相邻关系是指公产和私人不动产毗邻而产生的法

律关系，在机场公产中表现为机场与机场周围私人不动产之间的相邻法律关系。[1]公产与毗连不动产之间的相邻关系包含以下两个方面的内容：一是毗邻不动产为公产利益所负担的义务；二是公产为邻地不动产所负担的义务。行政法规为了公产的利益，对毗邻的不动产规定了一些义务，这种权利有的学者称为“行政役权”，也有的学者称为“公共地役权”。不动产所有者因行政役权，有时候承担不作为义务，有时候承担容忍义务，有时候还承担作为义务。[2]

为了避免民法上的役权妨碍公产履行公共服务职能，行政役权为公产在相邻关系中创设了一种不平等的关系，即公产能够享受民法上规定的相邻权利，却不承担民法上法定役权的义务。当然，这并不等于一切公产对于毗邻的不动产都不承担任何义务，公产设立的相邻义务必须符合公共使用的目的。

国内学者自21世纪初开始关注和探讨行政役权。目前，学界就公产与毗邻不动产相邻关系的公私属性、我国是否应当构建行政役权制度等问题尚未达成共识，关于行政役权制度具体应如何运行尚未形成成熟的理论；在我国立法层面上，也未构建明确、完善的行政役权制度。但是，在文物保护、生态环境保护以及基础设施建设等领域内已有“为公共利益限制物权行使”的立法体现，如《文物保护法》第

---

〔1〕 江必新、梁凤云：《物权法中的若干行政法问题》，载《中国法学》2007年第3期。

〔2〕 王名扬：《法国行政法》，北京大学出版社2016年版，第257~258页。

17条[1]，《自然保护区条例》第32条第1、2款[2]，《电力法》第53条第2款[3]等；在文物保护、生态环境以及基础设施建设等领域也有“为公共利益限制物权行使”的相关案例[4]。

《民用机场管理条例》明确规定，机场是公共基础设施，具有为公共利益之目的，如同电力、石油天然气管道等公共基础设施一样，机场也存在“为公共利益限制他人物权行使”的需要，这种需要主要体现在净空管理和电磁保护两方面。《民用航空法》第58条、《民用机场管理条例》第49~

[1] 《文物保护法》（2017年修正）第17条规定：“文物保护单位的保护范围内不得进行其他建设工程或者爆破、钻探、挖掘等作业。但是，因特殊情况需要在文物保护单位的保护范围内进行其他建设工程或者爆破、钻探、挖掘等作业的，必须保证文物保护单位的安全，并经核定公布该文物保护单位的人民政府批准，在批准前应当征得上一级人民政府文物行政部门同意；在全国重点文物保护单位的保护范围内进行其他建设工程或者爆破、钻探、挖掘等作业的，必须经省、自治区、直辖市人民政府批准，在批准前应当征得国务院文物行政部门同意。”

[2] 《自然保护区条例》（2017年修订）第32条第1、2款规定：“在自然保护区的核心区和缓冲区内，不得建设任何生产设施。在自然保护区的实验区内，不得建设污染环境、破坏资源或者景观的生产设施；建设其他项目，其污染物排放不得超过国家和地方规定的污染物排放标准。在自然保护区的实验区内已经建成的设施，其污染物排放超过国家和地方规定的排放标准的，应当限期治理；造成损害的，必须采取补救措施。在自然保护区的外围保护地带建设的项目，不得损害自然保护区内的环境质量；已造成损害的，应当限期治理。”

[3] 《电力法》（2018年修正）第53条第2款规定：“任何单位和个人不得在依法划定的电力设施保护区内修建可能危及电力设施安全的建筑物、构筑物，不得种植可能危及电力设施安全的植物，不得堆放可能危及电力设施安全的物品。”

[4] 如庞某某与沂南县文化市场管理执法局行政纠纷案，重庆市绿色志愿者联合会与恩施建始磺厂坪矿业公司民事公益诉讼案，侯某某等与北镇市安全生产监督与行政管理局行政纠纷案。

51 条以及一些地方立法明确规定了为保护机场净空安全禁止他人在机场净空保护区域内外从事影响机场净空安全的活动、修建影响机场净空安全的设施；《民用机场管理条例》第55~57 条以及一些地方立法基于机场电磁环境保护的考量，明确禁止在机场电磁保护区域内从事影响机场电磁环境的活动、修建影响机场电磁环境的设施，并对在机场电磁环境保护区域内设置、使用非民用航空无线电台（站）的行为予以限制，这些都是“为公共利益限制物权行使”的民用机场立法体现。此外，在实践层面上，也存在一些为机场的净空安全和电磁环境保护而限制他人物权行使的案例，如胡某、蔡某航空行政管理案中基于机场净空管理的需要对涉案项目进行限高评估和要求〔1〕。

《民用机场管理条例》第 15 条明确规定机场管理机构负有安全和运营管理职责，其中包括机场的净空管理职责和电磁环境保护职责，从权责相一致的角度考虑，机场管理机构有权代表公众“为公共利益限制他人物权行使”以达到保护净空安全和电磁环境的目的。但是在我国尚未建构行政役权制度的背景下，机场管理机构为公共利益限制物权行使的权力或权利尚不能直接等同于“行政役权”或者“公共地役权”。诚如一些学者所言，“公共地役权”制度能够“促进私

〔1〕 参见（2016）粤 71 行初字第 536 号行政判决书，（2017）粤行终字第 478 号行政判决书。

法财产进行有利于公共利益的利用”[1]，但也要避免“公共地役权”制度过于重视公共利益而忽略对私人权利的保障，这就需要通过行政役权的设立方式、公共利益的认定标准和程序、行政役权的补偿和救济制度的构建与完善来实现。但不可否认的是，若未来我国建立了行政役权制度，那么机场管理机构基于《民用航空法》及《民用机场管理条例》的规定为保护净空安全和电磁环境限制他人物权行使的权力或权利的行使确实能够通过该制度得以更加便利。总而言之，目前机场管理机构基于行政役权主张权利既具有立法层面的体现，也符合管理实践的需要，但因为我国缺乏行政役权制度的相应理论和立法建构，机场管理机构主张行政役权的享有和行使有待相关理论的进一步完善和制度构建。毋庸置疑的是，从应然角度上讲，机场管理机构可“为公共利益限制他人物权行使”，而行政役权制度能最大限度匹配机场管理机构的公共管理职能，满足机场管理机构的运营需求和公共利益考量。

3. 关于适度拓展民用机场管理机构在净空管理活动中的作用的思考

(1) 适度拓展民用机场管理机构在净空管理活动中作用的必要性。

根据《民用机场飞行区技术标准》的界定，机场净空指

---

〔1〕 肖泽晟：《公物的二元产权结构——公共地役权及其设立的视角》，载《浙江学刊》2008年第4期。

的是“为保障飞机起降安全而规定的障碍物限制面以上的空间”。根据学理通说，“在狭义上讲，净空保护主要是对机场周围影响飞行安全的障碍物进行高度控制”〔1〕，“对机场及其附近一定范围规定一些假想的净空妨碍限制面，用于对每个限制面内的建筑物高度进行具体而严格的限制”〔2〕。可以认为，净空保护主要针对的是以建筑物为代表的土地定着物，这是最狭义最传统的净空妨碍物。

截至 2020 年 7 月 2 日，输入“机场+净空”检索字段，在中国裁判文书网中可查阅到 888 篇裁判文书。涉及净空管理行为的纠纷以民事为主，其次为行政、刑事纠纷。在这些裁判文书内容中，仅 D 通用航空有限公司、Z 太阳能科技有限公司相邻关系纠纷案是正面、直接地围绕着土地定着物对净空安全产生的妨害而展开。虽然案涉机场是通用机场，举一反三，运输机场的管理机构在面对同样事件时该如何应对？

《民用机场管理条例》与《民用机场运行安全管理规定》基本确定了地方人民政府、民航地区管理局和机场管理机构三方在净空保护工作中的职责。民航地区管理局仅在民用机场净空保护区域内的建设项目进行审批时可以对建筑单位进行事前监督，事后对超过限制面的建筑物（亦可称为“超高

---

〔1〕 孙佳等编著：《民航安全管理与应急处置》，中国民航出版社 2012 年版，第 74 页。

〔2〕 李明捷主编：《机场规划与设计》，中国民航出版社 2015 年版，第 229 页。

建筑”）的建筑单位并无行政处罚与行政强制执行权力。[1]机场管理机构在整个超高建筑妨害净空安全的监管体制中也没有完全发挥其作用。根据我国《民用航空法》和《民用机场管理条例》的规定，机场管理机构对机场净空状况负有核查职责，但对于违反机场净空规定的行为只能由民用机场所在地县级以上地方人民政府进行行政处罚。机场管理机构能够采取的措施，仅有“立即制止”。这一方面给机场管理机构处理妨害机场净空的事项带来诸多不便；另一方面也加大了有关县级以上人民政府的行政执法负担，影响其行政效率。

机场管理机构作为经营和管理运输机场的直接责任主体，对净空安全保护具有很高的专业性与敏感度，而现行的规则体系并没有完全发挥机场管理机构的作用，因此适度拓展净空管理权成为时下需要思考的问题。

（2）民用机场管理机构管理净空活动的权源。为发挥机场管理机构在净空管理中的作用，需要对机场管理机构的净空管理权及其权源进行探讨。

民用机场具有行政公产特征在前文中已讨论，此处不再赘述。行政主体对行政公产的管理主要表现为公产管理权。公产管理权是指为了积极实现行政公产的设定使命或消极地

---

〔1〕《行政诉讼法》第 97 条规定：“公民、法人或者其他组织对行政行为在法定期限内不提起诉讼又不履行的，行政机关可以申请人民法院强制执行，或者依法强制执行。”行政机关仅能在权力范围内强制执行或申请法院强制执行。《行政强制法》第 44 条规定：“对违法的建筑物、构筑物、设施等需要强制拆除的，应当由行政机关予以公告，限期当事人自行拆除。当事人在法定期限内不申请行政复议或者提起行政诉讼，又不拆除的，行政机关可以依法强制拆除。”

除去妨害达成使命的障碍的管理权能。此项权能意味着行政主体不仅具有管理行政公产的权力，还具有管理行政公产的义务，如果怠于行使此项权能，则意味着违法。

相关行政主体对民用机场的管理职权，如《民用机场管理条例》第 4 条就明确规定："国务院民用航空主管部门依法对全国民用机场实施行业监督管理。地区民用航空管理机构依法对辖区内民用机场实施行业监督管理。有关地方人民政府依法对民用机场实施监督管理。"可见国务院民用航空主管部门、地区民用航空管理机构以及有关地方人民政府均对民用机场享有监督管理权。

为了保证民用航空器起飞、降落安全，需要由特定的行政主体按照机场净空障碍物限制图的要求划定特定的民用机场净空保护区域并进行管理，根据我国《民用航空法》和《民用机场管理条例》关于机场净空的规定，特定的行政主体主要是指民用机场所在地地区民用航空管理机构和有关地方人民政府。这也体现了对机场净空的管理权是行政主体公产管理权的一种。

机场管理机构是承担公共管理职能的组织，其对机场净空亦负有安全管理职责。首先，民用机场是一种公共基础设施，而机场管理机构是依法对民用机场这种公共基础设施的安全和运营进行管理的法人机构。其次，机场管理机构对民用机场净空的管理活动是职权与职责的统一体。《民用机场管理条例》第 52 条规定，机场管理机构对机场净空状况拥有核查职责，发现影响民用机场净空保护的情况，应当立即制止，并书面报告给有关部门。该条例第五章具体规定了机场管理机构未能恰当行使管理职权所应承担的法律责任，因而机场管理机构对机场的安全运行管理既是一项职权更是一项义务，从侧面体现了机场管理机构对民用机场享有的公产管理权。

（3）适度拓展民用机场净空管理权的可行性与现实需要。鉴于机场管理机构对净空管理有权利来源，那么，从公法角度而言，可以考虑根据现行《行政处罚法》的规定，通过法律、法规将机场净空的处罚权授权给机场管理机构。

我国现行《行政处罚法》第19条规定："法律、法规授权的具有管理公共事务职能的组织可以在法定授权范围内实施行政处罚。"这是授予机场管理机构在机场净空保护方面行使处罚权的主要法律依据。法律、法规授权的组织在我国行政法上属于行政主体的一种，其主要是指除行政机关以外，经法律法规授权、承担行政事务、履行行政职责的组织，主要包括以下两类：一是仅具有行政职能的事业单位，如证券监督管理委员会、银行保险监督管理委员会；二是以公共事业为主的事业单位，如公立学校。[1]相比于事业组织或事业单位，法律法规较少授权企业组织行使行政职权，主要是考虑到企业组织主要以营利为目的，往往与一定的行政职能行使具有利害关系。但这并不是绝对的，一些企业可能不适合于授权行使某类行政职能，但并非不能授权行使其他行政职

[1] 马怀德主编：《行政法学》，中国政法大学出版社2009年版，第79页。

能。[1]如前文所述，机场管理机构对机场的运行管理更多的是为了公共利益。机场管理机构对于民用机场的运行负有安全管理职责，将部分机场净空处罚权交与其行使，更有助于其维护机场公共秩序及保障机场安全义务的履行。简言之，将机场净空处罚权授予机场管理机构具有明确的法律依据与现实需要。

首先，机场管理机构是具有管理公共事业职能的组织，符合《行政处罚法》规定的授权行使特定行政处罚权的对象要件。机场管理机构具有公共管理职能，这是由民用机场公共基础设施属性决定的。在我国，民用机场大多由政府进行投资建设，主要作用为服务当地乃至整个国家的政治、经济等各方面的发展以及满足人们出行交通的需要，具有明显的公益性，因此符合公共基础设施的特征。此外，《民用机场管理条例》第 3 条也对机场的公共基础设施属性进行了确认。民用机场是公共基础设施，而机场管理机构是依法对民用机场的安全和运营进行管理的法人机构，即机场管理机构是对公共基础设施进行管理的机构，因此其管理行为属于公共管理职能。

其次，机场管理机构有能力以自己的名义作出行政处罚决定，并承担相应的责任。《民用机场管理条例》第 15 条规定："运输机场的安全和运营管理由依法组建的或者受委托

---

〔1〕 姜明安主编：《行政法与行政诉讼法》，北京大学出版社、高等教育出版社 2015 年版，第 115 页。

的具有法人资格的机构（以下简称机场管理机构）负责。”可见机场管理机构是依法成立的企业法人，其具有法人资格，能够以自己独立的财产和经费承担相应的法律责任。同时，目前一些机场管理机构针对机场管理中的难点与焦点问题的解决，已经初步建立起系统的法律风险防范体系，其有能力应对行使机场净空管理处罚权时所面临的问题。

最后，授权机场管理机构行使部分机场净空行政处罚权也是机场管理的现实需要。民用机场是一个广大的公共区域，通常拥有众多的经营主体、工作人员以及较大的人流量，这使得对机场公共秩序的管理特别是机场安全的维护变得特别重要。当下我国民用机场实行行业监管和属地管理相结合的双重管理体制，行业监管由国家民航部门负责，行政管理事务交由地方政府。由于全国大多数机场的位置远离市区，有管理权的行政机关往往因交通、行政执法成本和人员编制等原因而较少在机场派驻执法，对机场难以进行有效管理，而机场管理机构大都设有法律事务部门、安全保卫部门等相关部门，并且还拥有在机场净空管理方面的专业人员，其虽有管理能力，却无管理权限。

据此，完全可以考虑依据《行政处罚法》第 17 条的规定，通过法律、法规将机场净空的行政处罚权授予有管理能力的机场管理机构，这样不仅能够减少多头执法或者执法主体缺位的现象，减轻相关行政机关的负担，提高机场净空保护的行政管理效率，还有助于提高民用机场的管理水平，维护良好的机场运行秩序。

4. 关于无人机“黑飞”妨碍民用航空安全问题的预防和规制

互联网时代下，众多新兴科技得到迅猛发展，无人机便是其一。无人机最初用于军事领域，近年来因玩具化、简易化和廉价化特性突出，无人机变得更加“亲民化”，已广泛应用于农业、植保、物流运输、航拍测绘以及个人消费和娱乐等领域。

中国民用航空局于 2017 年 5 月 16 日下发《民用无人驾驶航空器实名制登记管理规定》，要求自 2017 年 6 月 1 日起，民用无人机的拥有者必须在“民用无人机实名登记信息系统”进行登记。但是，深圳市无人机行业协会提供的统计数字显示，截至 2017 年 12 月 31 日，2017 年中国国内民用无人机产量达到 290 万架，同比增长 67%，[1]个人拥有无人机的数量已逾百万，远远大于官方所统计的 29.5 万。

我国民用无人机“黑飞”扰航的案件自 2013 年起逐年增多，2017 年则是无人机“黑飞”扰航频繁发生的一年。根据民航局 2017 年 7 月份例行新闻发布会统计公布，2017 年上半年共收到无人机影响航班运行报告 44 起，与去年同期相比增加 37 起，[2]受影响航班 790 班，与去年同期相比增加 689 班，影响旅客万余人。

---

〔1〕 郑小红:《2017 国内民用无人机产量达到 290 万架》，载 http://m.sohu.com/a/237604385_204321，最后访问日期：2019 年 4 月 7 日。

〔2〕 中国民用航空局：《7 月民航局新闻发布会》，载 http://www.caacnews.com.cn/special/3779/，最后访问日期：2019 年 4 月 9 日。

无人机“黑飞”妨害民用航空安全事件频发的共同原因，可以归结如下：

(1) 民用无人机入门渠道门槛较低，且缺乏细化的无人机购买登记制度。

首先，就目前情况来讲，购买一架民用无人机是没有任何限制的，正常情况下，国内常见的购物网站便可以很轻松地购买到。

其次，由于购买门槛的无限制，加之民用无人机一体化趋势，使得诸多购买者将“开箱即飞”理解为“到手即飞”。[1]无人机的拥有者大多为没有受过专业训练的新手用户，不了解无人机飞行所应具备的条件。而使用者的操控能力和技术水平是决定民用无人机飞行安全的重要因素之一。不同于手机等智能产品，民用无人机使用者必须要满足一定的资质要求，并遵循相关的法律法规和行业规范进行民用无人机的操控。[2]

最后，由于我国缺乏细化的无人机购买登记制度，无人机购入门槛低，使得一些未成年人也跟风购买，对无人机以“玩具化”使用，增大了无人机“黑飞”致损的风险。

(2) 无人机“黑飞”行为违法成本过低。

首先，我国现行《民用航空法》作为我国民用航空方面

---

〔1〕 问延安、方长征：《我国民用无人机监管：现状、问题与对策》，载《内蒙古农业大学学报（社会科学版）》2019年第1期。

〔2〕 问延安、方长征：《我国民用无人机监管：现状、问题与对策》，载《内蒙古农业大学学报（社会科学版）》2019年第1期。

的专门法律，在其第 58 条仅规定了对各类不法干扰机场净空保护区行为的禁止性规定，未对“黑飞”行为作相应的处罚规定，不利于维护机场净空保护区的管理工作。从实践中的处理结果来看，大多数无人机“黑飞”案件未达到刑事案件立案程度，一般由公安机关依据《治安管理处罚法》第 23 条对行为人处以警告、罚款或拘留的行政处罚。

其次，我国《刑法》作为保护国家、社会和公民个人法益的最后屏障，对于无人机干扰机场净空保护区此类新型非法干扰行为，没有设立相关的航空犯罪条款和罪名。此前，全国各地曾多次出现因航模和无人机“黑飞”引发的案件，但基本上都是被处以罚款或是行政拘留。2013 年，H 某、Q 某、L 某被公诉机关以“过失以危险方法危害公共安全罪”起诉，在国内尚属首次。

（3）规制无人机的法律缺失，且立法位阶低。

目前我国由《民用航空法》《民用无人机驾驶员管理规定》《民用无人驾驶航空器系统空中交通管理办法》《轻小无人机运行规定（试行）》《无人驾驶航空器飞行管理暂行条例（征求意见稿）》等制度组成了一个初步的无人机监管法律体系。首先，除《民用航空法》为全国人民代表大会制定的法律外，其他规范性文件多为临时性、指导性规定，尚未上升到法律层级，效力层级低，不利于对无人机“黑飞”事件的规制。其次，《民用航空法》第 58 条虽对机场净空保护区域设立了禁止性活动，其中第 6 项规定禁止“饲养、放飞影响飞行安全的鸟类动物和其他物体”，因为立法的滞后性，无人机只能被归到“其他物体”。即使《民用机场管理条例》在第 49 条“禁止在民用机场净空保护区域内从事下列活动”增设了“放飞影响飞行安全的鸟类，升放无人驾驶的自由气球、系留气球和其他升空物体”，但对于新型频发的无人机扰航事件仍未作出明文规定。

（4）无人机监管主体缺失。

《民用航空法》对于行为人违反第 58 条禁止性活动未作出法律责任规定。《民用机场管理条例》第 79 条规定：“违反本条例的规定，有下列情形之一的，由民用机场所在地县级以上地方人民政府责令改正；情节严重的，处 2 万元以上 10 万元以下的罚款：……⑤放飞影响飞行安全的鸟类、升放无人驾驶的自由气球、系留气球和其他升空物体；……”根据本条规定，无人机“黑飞”行为的处罚是由地方人民政府所实施的，实践中也是由当地的公安机关对行为人作出行政处罚，即仅对行政执法权的行使作了原则性规定。

不管是立法还是实践，对机场管理机构在机场安全运营、净空保护、公共秩序和场容环境等方面的管理职能，都规定得比较原则，有的甚至没有涉及。[1]对机场管理机构在净空监管方面的忽视，造成了只能对航空不安全事件进行事后处罚却做不到事前预防的现状。针对无人机“黑飞”扰航行为，建议采取以下预防和规制措施：

首先，对于无人机的购买、操控简单和登记注册难等问

---

〔1〕 北京首都国际机场股份有限公司编著：《机场管理机构行使行政处罚权的法律与实践》，中国政法大学出版社 2012 年版，第 129 页。

题，可以通过立法从源头上进行规制。具体来说可以在落实无人机实名注册制度的基础上，在生产环节提前实现一机一码编码注册，持有人购买无人机时，不仅需要实名注册购买，更要在管理部门进行相应信息报备，由所有权人对无人机负责，便于事后溯源。

其次，从立法层面，建议提高规范无人机“黑飞”行为的法律层级。修订《民用航空法》第 58 条关于机场净空保护区域内的禁止性活动，涵盖所有潜在影响飞机安全的行为，包括新型频发无人机在内的干扰行为。《民用航空法》作为上位法没有充分列举“其他物体”，各地方人民政府在制定下位法时，对于非法干扰机场净空的“其他物体”可以展开补充，这样不仅有利于明确民用机场净空禁止性活动以便有据可循，更有助于在执法过程中有法可依。[1]地方性法规也可对无人机作细化规定，如自 2019 年 3 月 1 日起施行的《深圳市民用微轻型无人机管理暂行办法》（深圳市人民政府令第 316 号）对无人机的使用条件、范围作了明确规定，划定了民用微轻型无人机禁飞区域，并规定了相应的处罚措施。

最后，针对无人机“黑飞”行为的监管主体问题，建议将机场管理机构纳入监管主体范围，赋予机场管理机构以行政处罚权。其实，在各地有关民用机场管理的地方立法中，既存在机场管理机构被授权进行行政处罚的规定，也存在委托机场管理机构进行行政处罚的规定，如自 2016 年 5 月 1 日

---

〔1〕 张佳明奇：《民航机场净空保护的法律问题与对策——以无人机非法干扰为视角》，载《牡丹江大学学报》2018 年第 3 期。

起施行的《陕西省民用运输机场管理办法》（陕西省人民政府令第 188 号）第 64 条明确规定“对在机场公共区域发生的扰乱公共秩序、破坏机场环境的违法行为，有关行政部门可以委托机场管理机构实施行政处罚”，为机场管理机构在场区内进行公共秩序与场容环境管理提供了法律依据。再如 2018 年重庆市第五届人大常委会第七次会议审议通过的《重庆市民用航空条例》，授权机场管理机构负责机场地区场容环境和公共秩序管理并实施综合执法。赋予机场管理机构一定的行政处罚权对于提升机场管理层次必然起到积极的作用，这既符合机场管理的现实需要，也符合机场管理机构的基本属性，更符合法律的规定。〔1〕

维护和保障机场净空保护区良好环境是维持民航正常安全秩序的首要环节，对于无人机频繁干扰机场净空保护区的行为，不仅要求加强多部门联动监管，从源头上规范飞行器的管理，还需要不断完善相应法律规范，严厉打击非法干扰行为，提升公众航空安全法律意识，共同维护民航运输良好的机场净空环境。〔2〕

5. 关于机场噪声侵权责任的法律探讨

截至 2019 年，我国境内运输机场（不含香港、澳门和台湾地区，下同）共有 238 个，其中定期航班通航机场 237 个，

〔1〕 北京首都国际机场股份有限公司编著：《机场管理机构行使行政处罚权的法律与实践》，中国政法大学出版社 2012 年版，第 130 页。

〔2〕 张佳明奇：《民航机场净空保护的法律问题与对策——以无人机非法干扰为视角》，载《牡丹江大学学报》2018 年第 3 期。

定期航班通航城市234个，年旅客吞吐量1000万人次以上的机场达到39个。[1]机场行业蓬勃发展，机场噪声[2]干扰民众日常生活的问题亦随之而来，且逐渐成为一个社会焦点问题。

噪音污染是环境污染的一种形式。根据自2021年1月1日起施行的《民法典》的相关规定[3]，关于机场噪声侵权责任的法律探讨离不开对环境污染侵权责任要件的讨论，即行为人有污染环境的行为、他人的人身或财产的权利受到损害、污染环境的行为与损害结果具有因果关系。

行为人有污染环境的行为，即要求承担侵权责任的主体必须是侵权人。根据《民用航空法》，民用机场是指专供民用航空器起飞、降落、滑行、停放以及进行其他活动的划定区域，包括附属的建筑物、装置和设施。其本身并不会发出航空器在起飞、降落时产生的声音。根据《民用机场管理条例》，机场管理机构负责运输机场的安全和运营管理。其本

---

〔1〕《2019年民航机场生产统计公报》，载http://www.caac.gov.cn/XXGK/XXGK/TJSJ/202003/t20200309_201358.html，最后访问日期：2020年7月11日。

〔2〕这里探讨的机场噪声，仅限于航空器在起飞、降落时产生的声音；这里对机场噪声侵权责任法律关系的讨论，主要围绕航空器在起飞、降落时对机场邻居区域居民产生的影响。

〔3〕《民法典》第1165条规定："行为人因过错侵害他人民事权益造成损害的，应当承担侵权责任。依照法律规定推定行为人有过错，其不能证明自己没有过错的，应当承担侵权责任。"第1166条规定："行为人造成他人民事权益损害，不论行为人有无过错，法律规定应当承担侵权责任的，依照其规定。"第1230条规定："因污染环境、破坏生态发生纠纷，行为人应当就法律规定的不承担责任或者减轻责任的情形及其行为与损害之间不存在因果关系承担举证责任。"

身亦不是航空器起飞、降落声音的制造者。因此，机场管理机构不符合我国法律承担侵权责任主体的要求。

那么，制造了航空器起飞、降落声音的主体必然需要承担侵权责任吗？

首先需要确定认定侵权责任的适用法律。当在同一事项上既有民法的一般规定，又存在《民用航空法》的特别规定时，就需要采用冲突法规则来解决同一位阶法律渊源之间的冲突。根据“特别法优先”的法律适用规则，《民用航空法》有规定的优先适用，《民用航空法》没有规定的，适用民法的规定。

民航领域的法律对航空器飞行过程中的侵权责任有专门规定。《民用航空法》第 157 条规定：“因飞行中的民用航空器或者从飞行中的民用航空器上落下的人或者物，造成地面（包括水面，下同）上的人身伤亡或者财产损害的，受害人有权获得赔偿；但是，所受损害并非造成损害的事故的直接后果，或者所受损害仅是民用航空器依照国家有关的空中交通规则在空中通过造成的，受害人无权要求赔偿。前款所称飞行中，是指自民用航空器为实际起飞而使用动力时起至着陆冲程终了时止；就轻于空气的民用航空器而言，飞行中是指自其离开地面时起至其重新着地时止。”也就是说，航空器在起降过程中产生的噪音，即使构成侵权事实，因民用航空领域的特殊法律规则，航空器所有者和噪音制造者也可以免除侵权责任。

自 1958 年 2 月 4 日起生效的《罗马公约》［即《关于外

国航空器对地（水）面上第三者造成损害的公约》］第1条第1款规定："凡在地（水）面上遭受损害的人，只要证明该项损害是飞行中的航空器或从飞行中的航空器坠落下的人或物所造成的，即有权获得本公约规定的赔偿。但是，如所受的损害并非造成损害的事件的直接后果，或所受的损害只是航空器遵照现行的空中交通规则在空中通过的结果，则受害人无权要求赔偿。"虽然我国没有加入《罗马公约》，该公约对我国没有法律约束力，但是该规则体现了国际民航组织对于该问题的看法。

综上所述，民用航空器在起降过程中按照国家有关的空中交通规则通过机场临近区，其产生的噪音即使构成侵权行为并产生损害结果，根据法律的规定，航空器所有者和噪声制造者免除赔偿责任。〔1〕

---

〔1〕 感谢沈劈峰律师对"机杨管理机构、航空器所有者和运营者免除噪声侵权赌偿责任"观点的指导与帮助。

PART 3

三

机场的安全检查

[案例 1]

G 某、J 省公安厅 L 国际机场公安局、J 省公安厅行政复议

原　告：G 某

被告一：J 省公安厅 L 国际机场公安局

被告二：J 省公安厅

[案情概述]

G 某在 L 国际机场 T2 候机楼国内安检现场办理安检手续时，将一个点烟器放在外套口袋中被安检工作人员查出。G 某认为该金属物仅为指尖陀螺，提出要回该物。在与安检工作人员协商无果后，G 某跨越查验柜台抢夺点烟器，被安检工作人员控制，期间 G 某两次蹬踹安检工作人员，造成一名安检工作人员倒地受伤，两条安检通道关闭 20 分钟左右。

J 省公安厅 L 国际机场公安局（以下简称“L 机场公安局”）民警接到报警后赶至现场，对 G 某及安检工作人员进行传唤并分别询问，向 L 国际机场安检保卫部调取了案发当时的监控资料，对 G 某携带的该具有点烟器功能的金属物进行拍照取证。2017 年 11 月 24 日，L 机场公安局民警告知 G

某其行为构成扰乱单位秩序，依据《治安管理处罚法》第23条第1款第1项的规定将进行处罚，并告知G某享有陈述和申辩的权利。当天，L机场公安局作出处罚决定书，认为G某的行为扰乱了安检工作秩序，决定对G某处以行政拘留7日。

G某对处罚决定书不服，于2017年12月8日向J省公安厅申请行政复议。

2018年2月8日，J省公安厅作出行政复议决定书，维持了L机场公安局的处罚决定。

G某认为L机场公安局、J省公安厅未查清案件基本事实，未全面了解案件起因及基本过程，处罚既不合法也不合理；L机场安检人员滥用暴力，给G某身心健康造成重大影响，请求法院判令撤销处罚决定书或确认处罚决定书违法。

[主要争议]

L机场公安局对G某作出处罚决定是否具有事实依据?

[处理结果]

一审法院判决驳回原告G某的诉讼请求。G某不服一审判决，提起上诉。

二审法院经审理后于2018年作出判决，驳回上诉，维持原判。

[裁判要旨]

L 机场公安局对 G 某作出处罚决定是否具有事实依据?

根据《民航旅客禁止随身携带和托运物品目录》第 5 项规定，火种（包括各类点火装置），如灯火机、火柴、点烟器、镁棒（打火石）都属于能够造成人身伤害或者对航空安全和运输秩序构成较大危害的物品。《民用航空安全检查规则》（交通运输部令 2016 年第 76 号）第 3 条规定，民用航空安全检查机构具有通过实施民用航空安全检查工作，防止未经允许的危及民用航空安全的危险品、违禁品进入民用运输机场控制区的职责。第 4 条第 1 款规定，进入民用运输机场控制区的旅客及其行李物品应当接受安全检查。第 37 条规定，旅客的随身行李物品应当经过民航行李安检设备检查。发现可疑物品时，民航安检机构应当实施开箱包检查等措施，排除疑点后方可放行。

本案中，G 某在机场接受安全检查过程中，应当配合安全检查工作，安检人员发现其外衣口袋中的金属物具有点烟器功能，并作进一步的核实，安检人员已告知 G 某点烟器属于火种，不能带上飞机，G 某仍以该金属物在其他机场都通过安全检查为由提出异议，在协商无果的情况下，进一步采取跨越查验柜台的方式试图从安检人员手中抢夺该金属物。由于 G 某的该不理智行为导致多名安检人员上前对 G 某实施控制，期间，安检通道被临时关闭。机场的监控视频、证人证言等证据证明了上述事实。G 某的行为已扰乱机场正常的安检工作秩序，因此，L机场公安局据此对G某作出处罚决定书是具有事实依据的。

[相关法律法规]

1.《治安管理处罚法》（2012年修正）

第二十三条　有下列行为之一的，处警告或者二百元以下罚款；情节较重的，处五日以上十日以下拘留，可以并处五百元以下罚款：

（一）扰乱机关、团体、企业、事业单位秩序，致使工作、生产、营业、医疗、教学、科研不能正常进行，尚未造成严重损失的；

（二）扰乱车站、港口、码头、机场、商场、公园、展览馆或者其他公共场所秩序的；

（三）扰乱公共汽车、电车、火车、船舶、航空器或者其他公共交通工具上的秩序的；

（四）非法拦截或者强登、扒乘机动车、船舶、航空器以及其他交通工具，影响交通工具正常行驶的；

（五）破坏依法进行的选举秩序的。

聚众实施前款行为的，对首要分子处十日以上十五日以下拘留，可以并处一千元以下罚款。

2.《民用航空安全保卫条例》（2011年修订）

第十六条　机场内禁止下列行为：

（一）攀（钻）越、损毁机场防护围栏及其他安全防护设施；

（二）在机场控制区内狩猎、放牧、晾晒谷物、教练驾驶车辆；

（三）无机场控制区通行证进入机场控制区；

（四）随意穿越航空器跑道、滑行道；

（五）强行登、占航空器；

（六）谎报险情，制造混乱；

（七）扰乱机场秩序的其他行为。

第三十四条 违反本条例第十四条的规定或者有本条例第十六条、第二十四条第一项、第二十五条所列行为，构成违反治安管理行为的，由民航公安机关依照《中华人民共和国治安管理处罚法》有关规定予以处罚；有本条例第二十四条第二项所列行为的，由民航公安机关依照《中华人民共和国居民身份证法》有关规定予以处罚。

[案例2]

L某与J省民航机场集团Y机场公司名誉权纠纷案

原　告：L某

被　告：J省民航机场集团Y机场公司

案　由：名誉权纠纷

[案情概述]

L某系左下肢截肢的残疾人员（装有义肢），其于2015年9月18日下午2时左右乘坐航班飞往北京。L某称，通过安检时，安检人员在没有按程序完成触摸检查的前提下，强迫L某扒下裤子，拆卸义肢进行检查，并告知如不配合就限制L某登机。由于义肢是由断肢腔和肢体组成，断肢腔脱胎于断肢的模型，完全包裹断肢，之间的缝隙根本没有可能装入危险品，因此L某认为J省民航机场集团Y机场公司（以下简称"Y机场公司"）的安检人员违反了《残疾人航空运输管理办法》第26条的规定。L某返回后，与Y机场公司的负责人电话联系，要求对其赔礼道歉，但Y机场公司没有对L某赔礼道歉。L某诉至法院，请求人民法院判令Y机场公司向L某赔礼道歉，并赔偿精神损失费3000元。

[主要争议]

Y机场公司的检查行为是否侵犯了L某的名誉权？

[处理结果]

一审法院经审理后于2015年作出判决，驳回L某的诉讼请求。

[裁判要旨]

Y机场公司的检查行为是否侵犯了L某的名誉权?

《残疾人航空运输管理办法》第26条规定：“对具备乘机条件的残疾人的助残设备进行安全检查过程中，安检人员判断该助残设备可能藏有武器或其他违禁物品的，可进行特殊程序的检查。”在通过安检时，L某告知安检人员其左下肢装有义肢，Y机场公司安检人员将L某带到单独房间，对L某的义肢进行拆卸检查，其行为符合相关法律规定，并没有侵犯L某的名誉。因此，人民法院未支持L某的诉讼请求。

[相关法律法规]

1.《民用航空法》(2021年修正)

第一百零二条第一款 公共航空运输企业不得运输拒绝接受安全检查的旅客，不得违反国家规定运输未经安全检查的行李。

2.《残疾人航空运输管理办法》(2015年修订)

第二十六条 对具备乘机条件的残疾人的助残设备进行安全检查过程中，安检人员判断该助残设备可能藏有武器或其他违禁物品的，可进行特殊程序的检查。

[案例3]

T某与B机场股份有限公司财产损害赔偿纠纷案

原　告：T某

被　告：B机场股份有限公司

案　由：财产损害赔偿纠纷

[案情概述]

2018年9月29日，T某于B市国际机场搭乘国际航班出行。在乘机时，就其携带的行李办理了行李托运手续。T某托运的行李内有三块无人机锂电池。到达目的地后，T某发现托运行李内的三块无人机锂电池不在行李包裹内，并在行李内收到开包检查单一张。T某认为B机场股份有限公司（以下简称“B机场公司”）移除锂电池的行为给T某造成了一定损失。为了维护其合法权益，向人民法院提起诉讼，请求判令：①B机场公司赔偿T某无人机锂电池3块等值人民币；②B机场公司赔偿T某因B机场公司违规操作而造成的经济损失；③依法判令B机场公司赔偿T某因此次诉讼而导致的误工损失；④本案诉讼费用由B机场公司承担。

[主要争议]

1. 涉诉物品是否属于禁止托运的危险品？

2. 谁是本案安全检查责任的主体？

3. 移除涉诉物品的行为是否侵权？如是，相关责任主体需要承担何种法律责任？

[处理结果]

2019年，一审法院经审理后认为，B机场公司对T某托运的锂电池按照机场安检规则进行处置符合相关规定。B机场公司的行为未违反相关操作规定。T某以B机场公司的行为构成侵权为由，要求B机场公司对其在本案中所主张的各项损失进行赔偿的请求，不能成立，遂驳回T某的诉讼请求。

[裁判要旨]

1. 涉诉物品是否属于禁止托运的危险品？

根据裁判时仍生效实施的《合同法》第297条的规定，旅客不得随身携带或者在行李中夹带易燃、易爆、有毒、有腐蚀性、有放射性以及有可能危及运输工具上人身和财产安全的危险物品或者其他违禁物品。《民用航空法》第101条第3、4款规定，禁止违反国务院民用航空主管部门的规定将危险品作为行李托运。危险品品名由国务院民用航空主管部门规定并公布。《民用航空安全保卫条例》第32条第4项规定，除国务院另有规定的外，乘坐民用航空器的，禁止随身携带或者交运国家规定的枪支、弹药、军械、警械，管制刀具，易燃、易爆、有毒、腐蚀性、放射性物品之外的其他禁运物品。

中国民用航空局制定的《航空运输危险品目录（2017版）》第3480项为锂离子电池，第3481项为装在设备中或与设备包装在一起的锂离子电池。按照《中国民用航空局关于发布〈民航旅客禁止随身携带和托运物品目录〉和〈民航旅客限制随身携带或托运物品目录〉的公告》（自2017年1月1日起施行）的相关规定，禁止作为行李托运且随身携带有限定条件的物品就包括充电宝、锂电池。锂电池作为危险品禁止作为行李托运。

由于行李货仓的空间相对狭小，若将锂电池直接放入行李中托运，容易受到碰撞或挤压，造成锂电池发热，有可能起火甚至爆炸。现实中，已有数个因锂电池运输不当导致的航空安全事故的案例。本案中T某托运的无人机锂电池属于可能造成人身伤害或者对航空安全和运输秩序构成较大危害的物品，按照上述法律的相关规定和论述，涉诉物品已被界定为危险品，且属于禁止托运的危险品。

2. 谁是本案安全检查责任的主体？

B机场公司作为B市国际机场管理机构，对机场航空安保工作承担直接责任，负责实施有关航空安保法规和标准，通过实施安全检查工作防止危及航空安全的危险品、违禁品进入民用航空器。安检工作包括对乘坐民用航空器的旅客及其行李、进入候机隔离区的其他人员及物品，以及空运货物、邮件的安全检查。另，B机场公司与本案承运航空公司签订了《地面结算协议》，航空公司委托B机场公司承担出港旅客行李、货物安全检查义务。由此，B机场公司依照有关规定和约定，履行B市机场的安全检查职责，在履行安全检查职责过程中，有权移除查处的危险品。

3. 移除涉诉物品的行为是否侵权？如是，相关责任主体需要承担何种法律责任？

民用航空具有高度危险性，基于公共交通的安全性要求，承运人必须以最严格要求保障航空器及其所载人员及财物的安全。尽管民用机场不断加大安全检查的力度和提高安全检查的技术手段，但是仍有些危险物品难以查出，虽然携带的动机和目的不尽相同，但将此类物品带入机场或飞机上，必对民航安全造成潜在的威胁。因此，民用航空领域有其特殊性，对于该行业操作有特殊规定的应依照特殊规定。《民用航空货物运输安全保卫规则》（民航局［2012］70号）第31条规定：“安全检查中发现以下情况时，安检机构应当报告民用机场公安机关处理，不得做退运处理：①普通航空货物中夹带危险品、违禁品的。……”该条款明确规定在航空货物运输中发现货物中夹带危险品的，安检机构应报告民用机场公安处理，不得作退运处理，即不得将危险品交还航空货物托运人。客运相较于货运而言，涉及多数人的生命安全，在客运检查中，发现托运行李中夹带有危险品，亦不应交还托运人。就本案而言，托运的无人机锂电池属于危险品，B机场公司可以按照机场的特殊规定将托运的锂电池移除。

B机场公司的相关行为维护了公共安全，合理且合法。民事权利的行使也就是民事权利内容的实现。任何权利的实现，不仅关涉到权利人的利益，而且也关涉到义务人的利益以及国家和社会的利益。民事权利的行使必须符合国家法律和社会公共利益的要求。权利意味着主体的意志自由，但这种自由是有一定限度的。人们必须在法律规定的限度内行使自己的权利，只有在这个限度内，人们才可能依自己的意志从事一定的行为。这个界限就是不得损害国家利益、社会公共利益和他人合法权益。基于航空安全关乎其他旅客的生命财产安全的事实，法律的基本理念要求公共安全应优先于消费者个人权益得到保护。T 某将涉诉锂电池放入托运行李并交由航空托运的行为违反了航空运输和安检方面的法律法规规定。锂电池作为法律规定禁止托运的危险品，若不及时移除，会给航班和旅客的安全造成一定的危险，危及公共航空安全。因此 B 机场公司对其托运的无人机锂电池进行了移除，合法合理。

[相关法律法规]

1.《民法总则》

第三条 民事主体的人身权利、财产权利以及其他合法权益受法律保护，任何组织或者个人不得侵犯。

第八条 民事主体从事民事活动，不得违反法律，不得违背公序良俗。

2.《侵权责任法》

第二条 侵害民事权益，应当依照本法承担侵权责任。

本法所称民事权益，包括生命权、健康权、姓名权、名誉权、荣誉权、肖像权、隐私权、婚姻自主权、监护权、所有权、用益物权、担保物权、著作权、专利权、商标专用权、发现权、股权、继承权等人身、财产权益。

3.《合同法》

第二百九十七条第一款 旅客不得随身携带或者在行李中夹带易燃、易爆、有毒、有腐蚀性、有放射性以及有可能危及运输工具上人身和财产安全的危险物品或者其他违禁物品。

4.《民法典》(自2021年1月1日起施行)

第三条 民事主体的人身权利、财产权利以及其他合法权益受法律保护，任何组织或者个人不得侵犯。

第八条 民事主体从事民事活动，不得违反法律，不得违背公序良俗。

第一百一十三条 民事主体的财产权利受法律平等保护。

第一百二十条 民事权益受到侵害的，被侵权人有权请求侵权人承担侵权责任。

第一百三十二条 民事主体不得滥用民事权利损害国家利益、社会公共利益或者他人合法权益。

第八百一十八条 旅客不得随身携带或者在行李中夹带易燃、易爆、有毒、有腐蚀性、有放射性以及可能危及运输工具上人身和财产安全的危险物品或者违禁物品。

旅客违反前款规定的，承运人可以将危险物品或者违禁物品卸下、销毁或者送交有关部门。旅客坚持携带或者夹带危险物品或者违禁物品的，承运人应当拒绝运输。

第一千一百六十五条第一款 行为人因过错侵害他人民事权益造成损害的，应当承担侵权责任。

5.《民用航空法》（2021 年修正）

第一百零一条 公共航空运输企业运输危险品，应当遵守国家有关规定。

禁止以非危险品品名托运危险品。

禁止旅客随身携带危险品乘坐民用航空器。除因执行公务并按照国家规定经过批准外，禁止旅客携带枪支、管制刀具乘坐民用航空器。禁止违反国务院民用航空主管部门的规定将危险品作为行李托运。

危险品品名由国务院民用航空主管部门规定并公布。

6.《民事诉讼法》（2017 年修正）

第六十四条 当事人对自己提出的主张，有责任提供证据。

当事人及其诉讼代理人因客观原因不能自行收集的证据，或者人民法院认为审理案件需要的证据，人民法院应当调查收集。

人民法院应当按照法定程序，全面地、客观地审查核实证据。

本节案例评述

机场安全检查具有何种法律属性？

（1）机场从何时开始实施安全检查的？

20世纪50年代末，使用爆炸物、武器等劫持或破坏航空器的事件频发。为此，国际民航组织（International Civil Aviation Organization，ICAO）分别于1963年、1970年和1971年在日本东京、荷兰海牙和加拿大蒙特利尔签订了三个以反劫机为主的国际民用航空安全公约。[1]除此之外，国际民航组织还于1990年制定了《国际民用航空公约》的附件17《安全保卫——防止非法干扰国际民用航空的行为》，建议每一缔约国必须制定措施，以确保商业航空运输运行的始发旅客及其客舱行李、货舱行李、货物、邮件和其他物品在登上从航空保安限制区离场的航空器之前经过了检查。[2]

1980年9月，国务院批准了公安部、民航局的报告，决定对国际航班实施机场安检。1981年3月15日，公安部发布了关于机场安检的通告，并决定自同年4月1日以及同年

〔1〕 1963年《东京公约》（全称《关于在航空器内犯罪和其他某些行为的公约》），1970年《海牙公约》（全称《关于制止非法劫持航空器的公约》），1971年《蒙特利尔公约》（全称《关于制止危害民用航空安全的非法行为的公约》）。

〔2〕 参见《国际民用航空公约》附件17《安全保卫——防止非法干扰国际民用航空的行为》第4.4~4.6条的规定。

11月1日起分别对民航国际、国内航班实施机场安检。

（2）安全检查行为具有何种法律属性？

进行安全检查的目的是为了公共安全，检查相对人是否遵守了公共安全法律法规并对之进行相应的处理。安全检查的内容包括相对人的人身、财产、特定场所、设备设施的安全性。从实质意义上看，它是行政主体为实现公共安全，确保公共利益而执行的一种公务活动，亦可视为一种行政管理行为。

以是否产生法律效果为标准，行政管理行为又分为具体行政行为和行政事实行为。单就民用航空安全检查来说，根据《民用航空法》第102条第1款规定的“公共航空运输企业不得运输拒绝接受安全检查的旅客，不得违反国家规定运输未经安全检查的行李”及《民用航空安全检查规则》第4条规定的“进入民用运输机场控制区的旅客及其行李物品，航空货物、航空邮件应当接受安全检查。拒绝接受安全检查的，不得进入民用运输机场控制区。国务院规定免检的除外。旅客、航空货物托运人、航空货运销售代理人、航空邮件托运人应当配合民航安检机构开展工作”，民用航空安全检查主体享有强制检查的权利，而相对人具有服从的义务。在检查的过程中，相对人的人身自由、财产权利、通行权利和隐私权都受到了一定程度的减损。相对人不接受安全检查或安全检查的结果，都可能引起相应的法律后果，对相对人的实体权利产生影响，如即使购买了机票也无法乘坐航空器。因此，安全检查行为产生了具体行政行为的效果，是一项具体的行政法律行为。

（3）谁是机场安全检查的承担主体？

基于安全检查具有单向性、权力性、强制性等特点，该行为的实施主体只能是行政主体。根据民用机场安全检查的历史沿革可知，民用机场安全检查的主体早前确实为公安机关。自 1981 年起，我国机场安检的承担主体是民航公安保卫部门。自 1983 年 7 月起，机场安检工作由公安边防武警部队全面负责。

随着行政活动从必须要有法律依据亦即“法律的授权”扩展到“法规授权”的层面，〔1〕根据《民用机场管理条例》第 15 条的规定：“运输机场的安全和运营管理由依法组建的或者受委托的具有法人资格的机构（以下简称机场管理机构）负责。”《民用航空安全检查规则》第 8 条第 1 款规定：“民用运输机场管理机构应当设立专门的民航安检机构从事民航安检工作。”民用运输机场管理机构设立的民航安全检查机构成为能够实行民航安全检查行为的授权性主体。

---

〔1〕《行政诉讼法》第 2 条第 2 款规定：“前款所称行政行为，包括法律、法规、规章授权的组织作出的行政行为。”第 26 条第 1 款规定：“公民、法人或者其他组织直接向人民法院提起诉讼的，作出行政行为的行政机关是被告。”《行政处罚法》第 19 条规定：“法律、法规授权的具有管理公共事务职能的组织可以在法定授权范围内实施行政处罚。”《行政许可法》第 23 条规定：“法律、法规授权的具有管理公共事务职能的组织，在法定授权范围内，以自己的名义实施行政许可。被授权的组织适用本法有关行政机关的规定。”《行政强制法》第 70 条规定：“法律、行政法规授权的具有管理公共事务职能的组织在法定授权范围内，以自己的名义实施行政强制，适用本法有关行政机关的规定。”

PART 4

四

航空运输及其相关业务的保障与运营

[案例 1]

W 机场集团有限公司与 H 航空有限公司合同纠纷案

原　告：W 机场集团有限公司

被　告：H 航空有限公司

案　由：合同纠纷

[案情概述]

W 机场集团有限公司（以下简称“W 机场公司”）作为乙方，H 航空有限公司（以下简称“H 航空公司”）作为甲方，签订了《W 机场公司与 H 航空公司合作协议》（以下简称《合作协议》）。双方约定，H 航空公司自 2013 年起在 W 机场按约定计划投放运力并设立过夜基地；W 机场公司为 H 航空公司提供运力投放补贴，并对应收取 H 航空公司的航空性业务收费（包括起降费、停场费、客桥费、旅客服务费、旅客行李安检费、货物邮件安检费），非航空性业务收费给予优惠；如果 H 航空公司未按照约定投放运力，W 机场公司保留向 H 航空公司追收已提供优惠收费的权利，且不受结算期限的限制。合同签订后，H 航空公司相继投入飞机运力，至2015年在W机场停放飞机3架，在春运期间临时撤走1架，春运后于2015年4月份正式撤走，其余2架飞机于同年5月底撤走。合同履行期间，H航空公司享受了航空性业务收费优惠、非航空性业务收费优惠，W机场公司亦向H航空公司提供了运力补贴。

W机场公司认为H航空公司未依约投放运力，双方互致函件进行协商未果。W机场公司向人民法院提出如下诉讼请求：①H航空公司返还W机场公司提供的投放运力补贴及各项收费优惠；②本案诉讼费由H航空公司承担。

[主要争议]

1. W机场公司是否有权要求H航空公司返还已提供的航空性及非航空性业务收费优惠？

2. W机场公司是否有权要求H航空公司返还已提供的投放运力补贴？

[处理结果]

人民法院经审理后判决：①H航空公司应返还W机场公司航空性业务收费优惠及非航空性业务收费优惠；②H航空公司返还W机场公司运力补贴。

[裁判要旨]

1. W 机场公司是否有权要求 H 航空公司返还已提供的航空性及非航空性业务收费优惠？

本案裁判作出时间为 2016 年。W 机场公司、H 航空公司签订的《合作协议》系双方真实意思表示，根据当时生效实施的法律，双方均应按照合同约定履行各自的义务。按照《合作协议》约定，H 航空公司在 2015 年 W 机场运力应达到 6 架运力且合同应至少履行至 2016 年 4 月 27 日止，但 H 航空公司至 2015 年仅投放运力 3 架且于 2015 年 5 月底撤回所有飞机，之后亦明确拒绝继续投放运力，其行为已构成严重违约，应承担相应的违约责任。

W 机场公司给予 H 航空公司航空性及非航空性业务收费优惠的目的是 H 航空公司能够按约履行协议及期满后继续履行所产生的商业利益，优惠收费主要在合同履行前期，而 W 机场公司的商业利益主要发生在合同履行后期及期满之后，但现在 H 航空公司已在未按约履行的情况下拒绝履行其余义务，致使 W 机场公司主要商业利益无法实现；且涉案《合作协议》已明确约定未按约履行，W 机场公司有权追收已提供优惠。现被告未按约履行义务，因此，W 机场公司有权要求 H 航空公司返还已获得的航空性及非航空性业务收费优惠。

2. W 机场公司是否有权追回已提供的投放运力补贴？

本案运力补贴是 W 机场公司根据市人民政府意见，按照 H 航空公司运力投放数量向市政府申请获取的。要讨论 W 机场公司是否有权追回已提供的运力补贴，前提是需明确补贴主体。该部分资金来源于市人民政府，其发放流程为：W 机场公司向市人民政府申请，市人民政府批准支付给 W 机场公司，再由 W 机场公司支付给 H 航空公司，因此该运力补贴系 W 机场公司和市人民政府之间的直接法律关系，H 航空公司并非补贴直接发放对象，系 W 机场公司发放给 H 航空公司。《合作协议》亦明确约定支付主体是 W 机场公司。早前，H 航空公司开具抬头为 W 机场公司的增值税发票，亦说明 H 航空公司认可支付主体为 W 机场公司。《合作协议》虽未对“优惠收费”范围作出明确解释，但按照该条款前后文义理解，运力补贴亦是优惠的一种形式，故涉案运力补贴属于 W 机场公司可追回范围。另，领取该运力补贴的前提为运营满 3 年，H 航空公司未按约履行，因此，W 机场公司有权请求 H 航空公司返还运力补贴。

[相关法律法规]

1.《合同法》

第八条 依法成立的合同，对当事人具有法律约束力。当事人应当按照约定履行自己的义务，不得擅自变更或者解除合同。

依法成立的合同，受法律保护。

第一百零七条 当事人一方不履行合同义务或者履行合同义务不符合约定的，应当承担继续履行、采取补救措施或者赔偿损失等违约责任。

2.《民法典》(自 2021 年 1 月 1 日起施行)

第四百六十五条 依法成立的合同，受法律保护。

依法成立的合同，仅对当事人具有法律约束力，但是法律另有规定的除外。

第五百七十七条 当事人一方不履行合同义务或者履行合同义务不符合约定的，应当承担继续履行、采取补救措施或者赔偿损失等违约责任。

第五百七十八条 当事人一方明确表示或者以自己的行为表明不履行合同义务的，对方可以在履行期限届满前请求其承担违约责任。

[案例2]

X航空有限公司与G国际机场股份有限公司服务合同纠纷案

原　告：G国际机场股份有限公司

被　告：X航空有限公司

案　由：服务合同纠纷

[案情概述]

G国际机场股份有限公司（以下简称“G机场公司”）作为服务方、X航空有限公司（以下简称“X航空公司”）作为承运方签订了《G国际机场地面代理服务协议》，该协议约定：服务方应对承运方的同一飞机进出港提供相应的服务项目并收取费用；上述费用由中国航空结算中心代理结算，根据国际清算的有关规定进行结算，若承运方违反国际清算所的有关结算规定逾期不付，服务方将从第30个工作日起计收每日千分之五的滞纳金，第60个工作日起，服务方有权采取惩戒性措施，以保护服务方权益；双方如对协议中任何条款的执行有任何异议，均可在服务地法院提起诉讼；本协议的订立、效力、解释与履行及争议的解决适用中华人民共和国的法律、法规。

同时，G机场公司作为甲方、X航空公司作为乙方签订了《G国际机场综合保障服务协议》，该协议约定了服务条款及收费标准；费用由中国航空结算中心代理结算，根据国际清算所的有关规定进行结算；乙方需确保在首个航空运营之日前在甲方账户内存入人民币50万元作为履约保证金，若乙方违反国际清算所的有关结算规定逾期不付，甲方将从第30个工作日起计收每日千分之五的滞纳金，第60个工作日起，甲方有权采取惩戒性措施，以保护甲方权益；甲乙双方如因履行本协议发生争议，应协商解决，如果协商不成，任何一方可向合同履行地法院提起诉讼；本协议的订立、效力、解释与履行及争议的解决适用中华人民共和国的法律、法规。然而，X航空公司未按合同约定向G机场公司支付履约保证金。

签订上述协议后，G机场公司为X航空公司在G市机场起降和进出提供了服务。因X航空公司未按合同约定向G机场公司支付飞机起降等航空服务费，G机场公司向人民法院提起诉讼，要求：①X航空公司向G机场公司支付飞机起降等航空服务费；②X航空公司向G机场公司支付上述应付款项从2015年5月至实际清偿之日止的滞纳金（按每日千分之五标准计算）；③X航空公司向G机场公司支付履约保证金；④X航空公司向G机场公司支付本案律师费；⑤X航空公司承担本案诉讼费用。

[主要争议]

1. 如何确认本案争议适用的准据法？

2. X航空公司是否应当向G机场公司支付航空服务费及

相应的滞纳金？

3. G 机场公司是否可以主张 X 航空公司向其支付履约保证金？

4. G 机场公司是否可以主张 X 航空公司承担本案诉讼费用？

[处理结果]

一审法院经审理后判决：①X 航空公司应向 G 机场公司支付 2015 年 4 月 15 日至 2015 年 12 月 31 日期间的飞机起降等航空服务费；②X 航空公司应向 G 机场公司支付按每日千分之五标准，以每月未付款项为基数从应付款的第 30 个工作日起至款项实际清偿之日止的滞纳金；③驳回 G 机场公司的其他诉讼请求。X 航空公司不服一审判决，提起上诉。

二审法院经审理后作出终审判决：①维持一审判决第一项；②撤销一审判决第三项；③变更一审判决第二项为：X 航空公司应向 G 机场公司支付按年利率 24%标准，以每月未付款项为基数从应付款的第 30 个工作日起至款项实际清偿之日止的滞纳金；④驳回 G 机场公司的其他诉讼请求。

[裁判要旨]

1. 如何确认本案争议适用的准据法？

X 航空公司是在国外注册成立的公司。G 机场公司主张为 X 航空公司的飞机在 G 市机场提供起降等航空服务后，X 航空公司未按合同约定向 G 机场公司支付航空服务费，故本案应为涉外服务合同纠纷。G 机场公司与 X 航空公司在案涉《G 国际机场地面代理服务协议》《G 国际机场综合保障服务协议》中明确约定有关该协议的订立、效力、解释与履行及争议的解决适用中华人民共和国法律，根据《涉外民事关系法律适用法》第 41 条关于“当事人可以协议选择合同适用的法律”的规定，确认以中华人民共和国法律作为解决本案争议的准据法。

2. X 航空公司是否应当向 G 机场公司支付航空服务费及相应的滞纳金？

G 机场公司与 X 航空公司签订的《G 国际机场地面代理服务协议》《G 国际机场综合保障服务协议》是双方的真实意思表示，内容不违反我国法律和行政法规的强制性规定，应为合法有效，双方均应按该协议约定履行各自的义务。双方签订上述两份协议后，G 机场公司已按协议约定为 X 航空公司提供了飞机起降、进出港等航空服务。G 机场公司现主张 X 航空公司未按协议约定向其支付 2015 年 4 月 15 日至 2015 年 12 月 31 日期间的航空服务费，并为此提供了 X 航空公司的飞机在该时段内的起降、进出港的记录，以及由中立的第三方中国航空结算有限责任公司出具和确认的有关 X 航空公司应向 G 机场公司支付包括上述期间费用的账单明细予以佐证。X 航空公司未提交任何相反证据予以反驳，故 G 机场公司关于 X 航空公司向其支付 2015 年 4 月 15 日至 2015 年 12 月 31 日期间的航空服务费人民币 7 268 270. 17 元的主张，人民法院予以支持。

《G国际机场地面代理服务协议》《G国际机场综合保障服务协议》均约定，X航空公司逾期不付，B机场公司有权按每日千分之五计收滞纳金。该约定的每日千分之五的滞纳金虽然是当事人双方的真实意思表示，但二审法院认为其作为一种持续性惩罚标准明显过高。即使G机场公司主张上述约定的滞纳金计算标准为商业惯例，并提交了其与另外六家航空公司签订的合同作为证据予以证明。上述证据仅表明G机场公司与其他航空公司约定的滞纳金计算标准，不能证明该标准为行业惯例。故G机场公司的上述主张，二审法院未支持。二审法院酌情将滞纳金计算标准调整为按年利率24%计算，即X航空公司应向G机场公司支付按年利率24%标准，以每月未付款项为基数从应付款的第30个工作日起至款项实际清偿之日止的滞纳金。

3. G机场公司是否可以主张X航空公司向其支付履约保证金？

G机场公司与X航空公司签订的《G国际机场综合保障服务协议》第3条约定，X航空公司需确保在首个航空运营之日前在B机场公司账户内存入人民币50万元作为履约保证金，但G机场公司确认X航空公司实际并未按协议约定向其支付履约保证金。讼争双方在此约定的“履约保证金”虽具有担保功能，但属实践性合同条款，在X航空公司向G机场公司交付履约保证金时方生效。鉴于X航空公司实际没有向G机场公司支付履约保证金，该合同条款并未生效，G机场公司现据此主张X航空公司向其支付50万元履约保证金的理据不足，因此法院并未支持。

4. G 机场公司是否可以主张 X 航空公司承担本案诉讼费用？

G 机场公司与 X 航空公司签订的《G 国际机场地面代理服务协议》《G 国际机场综合保障服务协议》中并未约定一方违约的，违约方需向守约方赔偿其为主张违约责任提起诉讼而产生的律师费。而且 G 机场公司在本案中已主张了滞纳金，这足以弥补因 X 航空公司的违约行为给其造成的损失。G 机场公司在本案中主张的律师费是其为了提起本案诉讼而产生的合理诉讼成本，依法应由其自行承担。故 G 机场公司主张 X 航空公司赔偿律师费人民币 20 万元的事实和法律依据并不充分，人民法院未予支持。

[相关法律法规]

1.《合同法》

第八条 依法成立的合同，对当事人具有法律约束力。当事人应当按照约定履行自己的义务，不得擅自变更或者解除合同。

依法成立的合同，受法律保护。

第四十四条 依法成立的合同，自成立时生效。

法律、行政法规规定应当办理批准、登记等手续生效的，依照其规定。

第六十条 当事人应当按照约定全面履行自己的义务。

当事人应当遵循诚实信用原则，根据合同的性质、目的和交易习惯履行通知、协助、保密等义务。

第一百零七条 当事人一方不履行合同义务或者履行合同义务不符合约定的，应当承担继续履行、采取补救措施或者赔偿损失等违约责任。

第一百一十四条 当事人可以约定一方违约时应当根据违约情况向对方支付一定数额的违约金，也可以约定因违约产生的损失赔偿额的计算方法。

约定的违约金低于造成的损失的，当事人可以请求人民法院或者仲裁机构予以增加；约定的违约金过分高于造成的损失的，当事人可以请求人民法院或者仲裁机构予以适当减少。

当事人就迟延履行约定违约金的，违约方支付违约金后，还应当履行债务。

2.《民法典》（自2021年1月1日起施行）

第四百六十五条 依法成立的合同，受法律保护。

依法成立的合同，仅对当事人具有法律约束力，但是法律另有规定的除外。

第五百零二条 依法成立的合同，自成立时生效，但是法律另有规定或者当事人另有约定的除外。

依照法律、行政法规的规定，合同应当办理批准等手续的，依照其规定。未办理批准等手续影响合同生效的，不影响合同中履行报批等义务条款以及相关条款的效力。应当办理申请批准等手续的当事人未履行义务的，对方可以请求其承担违反该义务的责任。

依照法律、行政法规的规定，合同的变更、转让、解除等情形应当办理批准等手续的，适用前款规定。

第五百零九条 当事人应当按照约定全面履行自己的义务。

当事人应当遵循诚信原则，根据合同的性质、目的和交易习惯履行通知、协助、保密等义务。

当事人在履行合同过程中，应当避免浪费资源、污染环境和破坏生态。

第五百七十七条 当事人一方不履行合同义务或者履行合同义务不符合约定的，应当承担继续履行、采取补救措施或者赔偿损失等违约责任。

第五百八十五条 当事人可以约定一方违约时应当根据违约情况向对方支付一定数额的违约金，也可以约定因违约产生的损失赔偿额的计算方法。

约定的违约金低于造成的损失的，人民法院或者仲裁机构可以根据当事人的请求予以增加；约定的违约金过分高于造成的损失的，人民法院或者仲裁机构可以根据当事人的请求予以适当减少。

当事人就迟延履行约定违约金的，违约方支付违约金后，还应当履行债务。

3. 《涉外民事关系法律适用法》

第四十一条 当事人可以协议选择合同适用的法律。当事人没有选择的，适用履行义务最能体现该合同特征的一方当事人经常居所地法律或者其他与该合同有最密切联系的法律。

4.《民事诉讼法》（2017 年修正）

第三十四条 合同或者其他财产权益纠纷的当事人可以书面协议选择被告住所地、合同履行地、合同签订地、原告住所地、标的物所在地等与争议有实际联系的地点的人民法院管辖，但不得违反本法对级别管辖和专属管辖的规定。

第二百五十九条 在中华人民共和国领域内进行涉外民事诉讼，适用本编规定。本编没有规定的，适用本法其他有关规定。

[案例3]

W航空公司与B国际机场股份有限公司服务合同纠纷案

原　告：B国际机场股份有限公司

被　告：W航空公司

案　由：服务合同纠纷

[案情概述]

B国际机场股份有限公司（以下简称“B机场公司”）作为服务方，W航空公司作为承运方签订了《B国际机场地面服务协议》。协议主要内容如下：B机场公司为W航空公司提供一般代理服务、客运服务、机坪服务、配载控制、通讯和航务服务、货物和邮件服务、支持服务等，由此产生的费用由中国航空结算有限责任公司代理结算。若承运方违反国际清算所的有关结算规定逾期不付，服务方将从第30个工作日起计收每日千分之五的滞纳金。第60个工作日起，服务方有权采取惩戒性措施，以保护服务方权益。协议约定其订立、效力、解释与履行及争议的解决适用中华人民共和国的法律、法规。协议落款处显示，B机场公司和W航空公司分别在服务方和承运方签字盖章。

此后，B机场公司、W航空公司签订《地面服务协议补充协议1》《地面服务协议补充协议2》。《地面服务协议补充协议 1》中约定在 W 航空公司已缴纳的 50 万元履约保证金之外，W 航空公司需确保在 2017 年××月××日前在 B 机场公司的账户内再存入人民币 100 万元履约保证金。若 W 航空公司未按以上约定及时缴纳履约保证金，B 机场公司将有权不提供《B 国际机场地面服务协议》中约定的服务。W 航空公司拖欠账款超过 3 个月，B 机场公司有权单方面终止本协议。《地面服务协议补充协议 2》约定 W 航空公司需确保在 2017 年××月××日前在 B 机场公司的账户内再存入人民币 31 万元履约保证金。若 W 航空公司未按以上约定及时缴纳履约保证金，则 B 机场公司将有权不提供《B 国际机场地面服务协议》中约定的服务。

与 W 航空公司签订上述协议后，B 机场公司为 W 航空公司的飞机在 B 国际机场起降和进出港提供服务。因 W 航空公司未依约支付合同费用及缴纳履约保证金，B 机场公司向人民法院提起诉讼，请求判定 W 航空公司应向其支付 2017 年 6 月 1 日至 9 月 31 日期间的飞机起降等航空服务费及相应的滞纳金；W 航空公司向 B 机场公司支付履约保证金；W 航空公司承担本案诉讼费用。

[主要争议]

1. 如何确认本案争议适用的准据法？

2. W 航空公司是否应向 B 机场公司支付航空服务费及相应的滞纳金？

3. 人民法院是否应支持 B 机场公司主张的履约保证金？

[处理结果]

一审法院经审理后于2018年作出判决：W航空公司向B机场公司支付飞机起降等航空服务费及相应的滞纳金；驳回B航空公司的其他诉讼请求。

[裁判要旨]

1. 如何确认本案争议适用的准据法？

W航空公司是在境外注册成立的公司。B机场公司主张为W航空公司在B国际机场提供飞机起降等航空性服务后，W航空公司未按合同约定向B机场公司支付航空服务费，本案应为涉外服务合同纠纷。鉴于B机场公司与W航空公司签订的《B国际机场地面服务协议》《地面服务协议补充协议1》《地面服务协议补充协议2》中明确约定有关协议的订立、效力、解释与履行及争议的解决适用中华人民共和国法律，根据《涉外民事关系法律适用法》第41条关于“当事人可以协议选择合同适用的法律”的规定，本案以中华人民共和国法律作为解决争议的准据法。

2. W航空公司是否应向B机场公司支付航空服务费及相应的滞纳金？

B机场公司与W航空公司签订的《B国际机场地面服务协议》《地面服务协议补充协议1》《地面服务协议补充协议2》是双方的真实意思表示，内容不违反我国法律和行政法规的强制性规定，合法有效，双方均应按该协议约定履行各自的义务。双方签订上述协议后，B 机场公司已按协议约定为 W 航空公司提供了飞机起降等航空性服务。B 机场公司不仅提供了 W 航空公司的飞机在该时段内的起降记录，还提供了由中立的第三方中国航空结算有限责任公司出具和确认的有关 W 航空公司应向 B 机场公司支付费用的账单明细予以佐证。

W 航空公司既未出庭予以否认，也未提交任何相反证据予以反驳，根据《民事诉讼法》第 64 条第 1 款关于“当事人对自己提出的主张，有责任提供证据”及 2015 年最高人民法院《关于适用〈中华人民共和国民事诉讼法〉的解释》第 90 条关于“当事人对自己提出的诉讼请求所依据的事实或者反驳对方诉讼请求所依据的事实，应当提供证据加以证明，但法律另有规定的除外。在作出判决前，当事人未能提供证据或者证据不足以证明其事实主张的，由负有举证证明责任的当事人承担不利的后果”的规定，W 航空公司应承担举证不能的后果。综上，B 机场公司关于 W 航空公司向其支付航空服务费的主张，事实和法律依据充分，法院予以支持。

关于 B 机场公司主张的滞纳金问题。如前所述，W 航空公司未按合同约定向 B 机场公司支付航空服务费，其行为构成违约，B 机场公司作为守约方有权主张 W 航空公司承担支付逾期付款的滞纳金等违约责任。B 机场公司及 W 航空公司在《B 国际机场地面服务协议》中约定，若 W 航空公司违反国际清算所的有关结算规定逾期不向 B 机场公司支付飞机起降费等航空服务费，B 机场公司有权从第 30 个工作日起计收每日千分之五的滞纳金。考虑到B机场公司提供的航空服务不仅具有高度的专业性和特殊性，而且需花费较高的财务成本，双方在综合考虑各自需付出的商务成本和面临的商业风险基础上约定的滞纳金计算标准应认定为是双方的真实意思表示，加之W航空公司也未对此提出任何异议，因此B机场公司关于按每日千分之五标准计算滞纳金的主张，能被人民法院支持。

3. 人民法院是否应支持B机场公司主张的履约保证金？

B机场公司在本案审理过程中确认，双方签订上述协议后，W航空公司并未按协议约定向其支付履约保证金。B机场公司与W航空公司签订的《地面服务协议补充协议1》中约定，在W航空公司已缴纳的50万元履约保证金之外，W航空公司需确保在2017年××月××日前在B机场公司的账户内再存入人民币100万元履约保证金；《地面服务协议补充协议2》约定在W航空公司已缴纳的人民币150万元履约保证金之外，还需在2017年××月××日前在B机场公司的账户内再存入人民币31万元履约保证金。但B机场公司确认W航空公司实际并未按协议约定向其支付履约保证金。“履约保证金”虽具有担保功能，但属实践性合同条款，在W航空公司向B机场公司交付履约保证金时方生效。鉴于W航空公司实际没有向B机场公司支付履约保证金，该合同条款并未生效，因此，人民法院认为B机场公司主张W航空公司向其支付181万元履约保证金的理据不足。

[相关法律法规]

1.《合同法》

第八条 依法成立的合同，对当事人具有法律约束力。当事人应当按照约定履行自己的义务，不得擅自变更或者解除合同。

依法成立的合同，受法律保护。

第四十四条 依法成立的合同，自成立时生效。

法律、行政法规规定应当办理批准、登记等手续生效的，依照其规定。

第六十条 当事人应当按照约定全面履行自己的义务。

当事人应当遵循诚实信用原则，根据合同的性质、目的和交易习惯履行通知、协助、保密等义务。

第一百零七条 当事人一方不履行合同义务或者履行合同义务不符合约定的，应当承担继续履行、采取补救措施或者赔偿损失等违约责任。

第一百一十四条 当事人可以约定一方违约时应当根据违约情况向对方支付一定数额的违约金，也可以约定因违约产生的损失赔偿额的计算方法。

约定的违约金低于造成的损失的，当事人可以请求人民法院或者仲裁机构予以增加；约定的违约金过分高于造成的损失的，当事人可以请求人民法院或者仲裁机构予以适当减少。

当事人就迟延履行约定违约金的，违约方支付违约金后，还应当履行债务。

2.《民法典》(自2021年1月1日起施行)

第四百六十五条 依法成立的合同，受法律保护。

依法成立的合同，仅对当事人具有法律约束力，但是法律另有规定的除外。

第五百零二条 依法成立的合同，自成立时生效，但是法律另有规定或者当事人另有约定的除外。

依照法律、行政法规的规定，合同应当办理批准等手续的，依照其规定。未办理批准等手续影响合同生效的，不影响合同中履行报批等义务条款以及相关条款的效力。应当办理申请批准等手续的当事人未履行义务的，对方可以请求其承担违反该义务的责任。

依照法律、行政法规的规定，合同的变更、转让、解除等情形应当办理批准等手续的，适用前款规定。

第五百零九条 当事人应当按照约定全面履行自己的义务。

当事人应当遵循诚信原则，根据合同的性质、目的和交易习惯履行通知、协助、保密等义务。

当事人在履行合同过程中，应当避免浪费资源、污染环境和破坏生态。

第五百七十七条 当事人一方不履行合同义务或者履行合同义务不符合约定的，应当承担继续履行、采取补救措施或者赔偿损失等违约责任。

第五百八十五条 当事人可以约定一方违约时应当根据违约情况向对方支付一定数额的违约金，也可以约定因违约产生的损失赔偿额的计算方法。

约定的违约金低于造成的损失的，人民法院或者仲裁机构可以根据当事人的请求予以增加；约定的违约金过分高于造成的损失的，人民法院或者仲裁机构可以根据当事人的请求予以适当减少。

当事人就迟延履行约定违约金的，违约方支付违约金后，还应当履行债务。

3.《涉外民事关系法律适用法》

第四十一条 当事人可以协议选择合同适用的法律。当事人没有选择的，适用履行义务最能体现该合同特征的一方当事人经常居所地法律或者其他与该合同有最密切联系的法律。

4.《民事诉讼法》（2017 年修正）

第三十四条 合同或者其他财产权益纠纷的当事人可以书面协议选择被告住所地、合同履行地、合同签订地、原告住所地、标的物所在地等与争议有实际联系的地点的人民法院管辖，但不得违反本法对级别管辖和专属管辖的规定。

第六十四条 当事人对自己提出的主张，有责任提供证据。

当事人及其诉讼代理人因客观原因不能自行收集的证据，或者人民法院认为审理案件需要的证据，人民法院应当调查收集。

人民法院应当按照法定程序，全面地、客观地审查核实证据。

第一百四十四条 被告经传票传唤，无正当理由拒不到庭的，或者未经法庭许可中途退庭的，可以缺席判决。

第二百五十九条 在中华人民共和国领域内进行涉外民事诉讼，适用本编规定。本编没有规定的，适用本法其他有关规定。

[案例4]

G国际机场股份有限公司与T航空服务有限公司等留置权纠纷案

原　告：G国际机场股份有限公司

被告一：T航空服务有限公司

被告二：T航空贸易第一有限公司

被告三：T航空贸易第二有限公司

被告四：T航空贸易第三有限公司

案　由：留置权纠纷

[案情概述]

2007年至2009年期间，G国际机场股份有限公司（以下简称“G机场公司”）为T航空服务有限公司（以下简称“T公司”）拥有但租赁给X航空公司运营的8架飞机提供了机务维修等服务，但X航空公司拖欠G机场公司机务维修费、起降费、夜航附加费、停场费、旅客服务费、安检费、运输服务费、过站基本费、上机服务费、配餐费、登机桥费、桥载设备等费用合计4000余万元。2009年3月15日，X航空公司被正式停飞。当日，由于未能按时支付相关费用，G机场公司将X航空公司滞留在机场，对由X航空公司通过融资租赁方式运营的一架航空器进行了留置。G机场公司将该航空器境外出租人T公司等起诉至G市中级人民法院，要求对该航空器留置行为的合法性予以确认。

[主要争议]

G 机场公司是否有权将位于其机场管辖范围内的航空器本身或航空器发动机等各种资产予以留置?

[处理结果]

一审法院于 2013 年作出判决支持了 G 机场公司的诉求。T 公司等不服一审判决，提出上诉。

二审中，各方当事人最终通过调解结案。

[裁判要旨]

G 机场公司是否有权将位于其机场管辖范围内的航空器本身或航空器发动机等各种资产予以留置?

留置权是指债权人按照合同约定占有债务人动产，于债务人未按照合同约定的期限履行义务时，对其占有的动产予以留置并就其变价享有优先受偿的权利。[1] 对于航空器留置问题，在国际公约方面，《移动设备国际利益公约》及《移动设备国际利益公约关于航空器设备特定问题的议定书》均未予以明确规定。但是，《移动设备国际利益公约》第 39 条第 1 款对关于无须登记即具有优先权的问题作出如下规定："缔约国可以于任何时候，在向议定书保存机关交存的声明

〔1〕 江平主编:《民法学》，中国政法大学出版社 2019 年版，第 397 页。

中一般地或具体地声明：(a) 非约定权利或利益的类别（适用第 40 条者除外）。依其本国法律，这些权利或利益优先于标的物上与已登记的国际利益持有人的利益等同的利益而且优先于已登记的国际利益，而不论其是否处于破产程序中；(b) 本公约不影响国家或国家实体、政府间组织或其他公共服务的私人提供者依照该国法律扣留或扣押标的物，以向此种实体、组织或提供者支付与使用该标的物或另一标的物的服务直接有关的欠款的权利。”第 39 条第 3 款规定：“只有在非约定权利或利益属于国际利益登记之前交存的声明中所包括的类别时，该权利或利益才优先于国际利益。”第 39 条第 4 款规定：“尽管有前款的规定，缔约国在批准、接受、核准或加入议定书时，可以声明根据第 1 款（a）项所作出的声明中所含种类的权利或利益，应优先于此种批准、接受、核准或加入日期之前已登记的国际利益。”

对此，我国在《全国人民代表大会常务委员会关于批准〈移动设备国际利益公约〉和〈移动设备国际利益公约关于航空器设备特定问题的议定书〉的决定》中，对《移动设备国际利益公约》第 39 条第 1 款（a）项作出如下声明：“依照中华人民共和国法律优先于有担保的债权人的全部非约定权利或者利益无须登记即可优先于已经登记的国际利益，包括但不限于破产费用和共益债务请求权，职工工资，产生于该民用航空器被抵押、质押或留置之前的税款，援救该民用航空器的报酬请求权，保管维护该民用航空器的必须费用请求权等。”对《移动设备国际利益公约》第 39 条第 1 款（b）

项声明："《公约》不影响国家或国家实体、政府间组织或者其他公共服务的私人提供者依照中华人民共和国法律扣留或者扣押标的物，以向此种实体、组织或者提供者支付与使用该标的物或者另一标的物的服务直接有关的欠款的权利。"对《移动设备国际利益公约》第 39 条第 4 款声明："根据第 39 条第 1 款（a）项所作出的声明中所含种类的权利或者利益，优先于批准《议定书》之前已登记的国际利益。"从上述声明内容可知，在我国领土范围内，债权人基于航空器产生的债权，可以扣押或者扣留债务人占有的航空器。

在国内法方面，留置权为法定的担保物权。《民法典》"物权编"专设"留置权"一章。其第 447 条第 1 款规定："债务人不履行到期债务，债权人可以留置已经合法占有的债务人的动产，并有权就该动产优先受偿。"第 448 条规定："债权人留置的动产，应当与债权属于同一法律关系，但是企业之间留置的除外。"第 449 条规定："法律规定或者当事人约定不得留置的动产，不得留置。"由于留置权大多数情况是忤逆了债务人的意志，因而现有法律规范对其规定了严苛的成立要件：首先，债权人需因合法原则占有债务人的动产；其次，债权与债权人所占有的动产之间具有牵连性，属于同一法律关系（企业之间留置的除外）；再次，债权已届清偿期而债务人未为履行；最后，当双方约定排除留置权时，或留置权行使违反公序良俗时，或行使留置权与债权人所承担的义务相抵触时，留置权不能成立。就本案而言，X 航空公司拖欠 G 机场公司机务维修费、起降费、夜航附加费、停场费、旅客服务费、安检费等航空性费用。G 机场公司基于服务合同对 X 航空公司享有债权，同时基于服务合同对 X 航空公司滞留在机场、通过融资租赁方式运营的航空器进行了留置，可见 G 机场公司享有的债权与对航空器的占有处于同一法律关系即服务合同，因此留置权成立的积极要件已经满足。但是，由于 G 机场公司基于服务合同承担提供航空器起降、货物运输安全等义务，其留置航空器与合同约定义务相抵触，留置权成立的消极要件未能成就。通常情况下，G 机场公司对 X 航空公司滞留在机场的航空器难以享有留置权。

然而，本案具有特殊背景，并非单一的航空器留置权法律关系。人民法院最终判决 G 机场公司留置权合法，有两个重要理由：①留置标的物并非必须由债务人所有。根据当时有效的法律制度：《民法通则》第 89 条对留置标的物规定为“对方的财产”，《物权法》第 230 条、《担保法》第 82 条则规定为“债务人的动产”，均没有规定留置标的物必须是“债务人所有的财产”。通常，债权人在占有留置物时只需由债务人提供标的物即可，债权人不负有对标的物所有权进行审查的义务。如果在债权人行使留置权时要求留置物必须为债务人所有，这显然是对债权人的苛求，也有悖于民法的公平原则。依据公平原则，既然债权人在占有留置物时不以其属于债务人所有为限，则债务人提供的留置物，不管其是否属于债务人所有，只要债务人在一定期限内不履行其义务，债权人就有权对其提供的留置物予以留置。②作为债权人的 G 机场公司不再基于服务合同负有向 X 航空公司提供起降服务的义务。X 航空公司已经被受理破产，业务早已陷入停滞，不存在继续运营飞机的可能。既然 X 航空公司客观上已无继续起降、运输的业务需求，与 G 机场公司签订的服务合同基于破产而终止，G 机场公司向其提供飞机起降、运营的义务不复存在，此时，G 机场公司留置航空器不与其承担的义务相抵触。

[相关法律法规]

1.《民法通则》（2009 年修正）

第八十九条 依照法律的规定或者按照当事人的约定，可以采用下列方式担保债务的履行：

（一）保证人向债权人保证债务人履行债务，债务人不履行债务的，按照约定由保证人履行或者承担连带责任；保证人履行债务后，有权向债务人追偿。

（二）债务人或者第三人可以提供一定的财产作为抵押物。债务人不履行债务的，债权人有权依照法律的规定以抵押物折价或者以变卖抵押物的价款优先得到偿还。

（三）当事人一方在法律规定的范围内可以向对方给付定金。债务人履行债务后，定金应当抵作价款或者收回。给付定金的一方不履行债务的，无权要求返还定金；接受定金的一方不履行债务的，应当双倍返还定金。

（四）按照合同约定一方占有对方的财产，对方不按照合同给付应付款项超过约定期限的，占有人有权留置该财产，依照法律的规定以留置财产折价或者以变卖该财产的价款优先得到偿还。

第一百四十二条 涉外民事关系的法律适用，依照本章的规定确定。

中华人民共和国缔结或者参加的国际条约同中华人民共和国的民事法律有不同规定的，适用国际条约的规定，但中华人民共和国声明保留的条款除外。

中华人民共和国法律和中华人民共和国缔结或者参加的国际条约没有规定的，可以适用国际惯例。

2. 《物权法》

第二十四条 船舶、航空器和机动车等物权的设立、变更、转让和消灭，未经登记，不得对抗善意第三人。

第二百三十条 债务人不履行到期债务，债权人可以留置已经合法占有的债务人的动产，并有权就该动产优先受偿。

前款规定的债权人为留置权人，占有的动产为留置财产。

第二百四十条 留置权人对留置财产丧失占有或者留置权人接受债务人另行提供担保的，留置权消灭。

3. 《担保法》

第八十二条 本法所称留置，是指依照本法第八十四条的规定，债权人按照合同约定占有债务人的动产，债务人不按照合同约定的期限履行债务的，债权人有权依照本法规定留置该财产，以该财产折价或者以拍卖、变卖该财产的价款优先受偿。

第八十三条 留置担保的范围包括主债权及利息、违约金、损害赔偿金、留置物保管费用和实现留置权的费用。

第八十八条 留置权因下列原因消灭：

（一）债权消灭的；

（二）债务人另行提供担保并被债权人接受的。

4.《民法典》（自2021年1月1日起施行）

第六条 民事主体从事民事活动，应当遵循公平原则，合理确定各方的权利和义务。

第四百四十七条 债务人不履行到期债务，债权人可以留置已经合法占有的债务人的动产，并有权就该动产优先受偿。

前款规定的债权人为留置权人，占有的动产为留置财产。

第四百四十八条 债权人留置的动产，应当与债权属于同一法律关系，但是企业之间留置的除外。

第四百四十九条 法律规定或者当事人约定不得留置的动产，不得留置。

5.《民用航空法》（2021年修正）

第十一条 民用航空器权利人应当就下列权利分别向国务院民用航空主管部门办理权利登记：

（一）民用航空器所有权；

（二）通过购买行为取得并占有民用航空器的权利；

（三）根据租赁期限为六个月以上的租赁合同占有民用航空器的权利；

（四）民用航空器抵押权。

第十四条 民用航空器所有权的取得、转让和消灭，应当向国务院民用航空主管部门登记；未经登记的，不得对抗第三人。

民用航空器所有权的转让，应当签订书面合同。

[案例5]

Z某与H航空股份有限公司、G国际机场股份有限公司航空旅客运输合同纠纷案

原 告：Z某

被告一：H航空股份有限公司

被告二：G国际机场股份有限公司

案 由：航空旅客运输合同纠纷

[案情概述]

Z某购买H航空股份有限公司（以下简称“H航空公司”）的航班从T机场飞往G国际机场，将购买的野山参放置在行李箱内交付H航空公司进行托运，但Z某托运时未向H航空公司申报行李箱内装载的行李内容，也未申报价值。航班抵达G国际机场后，Z某并未领取到其装有野山参的行李，Z某随即向H航空公司和G国际机场股份有限公司（以下简称“G机场公司”）申报行李运输事故，并向机场公安机关报案。后经公安机关追查，查明由于Z某的行李箱与其他旅客的行李箱相似，被其他乘客误领，公安机关随后将Z某的行李箱追回，Z某主张该行李箱内的野山参已经变质，不具备药用价值。Z某遂提起诉讼，要求H航空公司、G机场公司按购买合同的价值赔偿野山参价款及3名采购人处理事件的住宿费。

[主要争议]

G 机场公司是否应当承担本案行李未能准确、及时、完好地交付 Z 某的违约责任?

[处理结果]

一审法院判决:①H 航空公司赔偿 Z 某货物损失;②G 机场公司对判决第一项承担连带赔偿责任;③驳回 Z 某的其他诉讼请求。H 航空公司、G 机场公司均不服,提起上诉。

二审法院经审理后于 2014 年作出判决:驳回上诉,维持原判。

[裁判要旨]

G 机场公司是否应当承担本案行李未能准确、及时、完好地交付 Z 某的违约责任?

H 航空公司与 G 机场公司签订了《地面服务代理协议》,由 G 机场公司为 H 航空公司提供 G 国际机场的地面服务。G 机场公司接受 H 航空公司的委托提供地面服务,包括地面行李服务的主体,若在行李服务中存在过错,G 机场公司亦应承担违约责任。G 机场公司为 H 航空公司提供地面服务,其向旅客提供的地面服务与航空公司提供的承运服务共同构成了完整的航空运输服务,因此,G 机场公司在向旅客提供地面服务时,应严格遵循服务质量标准,保证托运的行李准确、及时、完好地交付给托运旅客。

本案中，在涉案航班到港后，G 机场公司并未安排工作人员在行李领取区域检查核对旅客的行李牌号码，并回收旅客持有的行李识别联，其提供的地面服务不符合航空运输服务质量标准，是导致 Z 某托运的行李遭其他旅客误领而未能准确完好交付的原因之一，其行为亦已构成违约，因此 G 机场公司应当承担本案行李未能准确、及时、完好地交付 Z 某的违约责任。

[相关法律法规]

1. 《合同法》

第六十条 当事人应当按照约定全面履行自己的义务。

当事人应当遵循诚实信用原则，根据合同的性质、目的和交易习惯履行通知、协助、保密等义务。

第一百零七条 当事人一方不履行合同义务或者履行合同义务不符合约定的，应当承担继续履行、采取补救措施或者赔偿损失等违约责任。

第三百一十一条 承运人对运输过程中货物的毁损、灭失承担损害赔偿责任，但承运人证明货物的毁损、灭失是因不可抗力、货物本身的自然性质或者合理损耗以及托运人、收货人的过错造成的，不承担损害赔偿责任。

2. 《民法典》（自 2021 年 1 月 1 日起施行）

第七条 民事主体从事民事活动，应当遵循诚信原则，秉持诚实，恪守承诺。

第五百零九条第一、二款 当事人应当按照约定全面履行自己的义务。

当事人应当遵循诚信原则，根据合同的性质、目的和交易习惯履行通知、协助、保密等义务。

第五百七十七条 当事人一方不履行合同义务或者履行合同义务不符合约定的，应当承担继续履行、采取补救措施或者赔偿损失等违约责任。

第八百三十二条 承运人对运输过程中货物的毁损、灭失承担赔偿责任。但是，承运人证明货物的毁损、灭失是因不可抗力、货物本身的自然性质或者合理损耗以及托运人、收货人的过错造成的，不承担赔偿责任。

3.《民用航空法》（2021 年修正）

第一百三十二条 经证明，航空运输中的损失是由于承运人或者其受雇人、代理人的故意或者明知可能造成损失而轻率地作为或者不作为造成的，承运人无权援用本法第一百二十八条、第一百二十九条有关赔偿责任限制的规定；证明承运人的受雇人、代理人有此种作为或者不作为的，还应当证明该受雇人、代理人是在受雇、代理范围内行事。

[案例6]

D某与D航空股份有限公司X分公司、X机场集团Q机场有限公司G机场分公司、A国际机场股份有限公司航空旅客运输合同纠纷案

原　告：D某

被告一：D航空股份有限公司X分公司

被告二：X机场集团Q机场有限公司G机场分公司

被告三：A国际机场股份有限公司

案　由：航空旅客运输合同纠纷

[案情概述]

2015年××月14日，D某乘坐D航空股份有限公司X分公司（以下简称"D航空公司"）从G市至A市的航班，在G市机场办理行李托运，飞机到达A市机场后发现其在G市托运的8公斤行李丢失，在寻找无果的情况下，向D航空公司申报行李运输事故。D某丢失的行李至今没有找回。D某提起诉讼，请求人民法院判令D航空公司、X机场集团Q机场有限公司G机场分公司（以下简称"G机场公司"）、A国际机场股份有限公司（以下简称"A机场公司"）共同承担赔偿责任。

[主要争议]

G机场公司、A机场公司是否是本案航空旅客运输合同

的当事人？是否应当承担连带赔偿责任？

[处理结果]

一审法院判决D航空公司向D某赔偿行李损失800元；驳回D某的其他诉讼请求。D某不服一审判决，提起上诉。

二审法院经审理后于2016年作出终审判决：驳回上诉，维持原判。

[裁判要旨]

G机场公司、A机场公司是否是本案航空旅客运输合同的当事人？是否应当承担连带赔偿责任？

本案中各方当事人对本案系航空旅客运输合同纠纷，该合同合法有效，D某为旅客、D航空公司为承运人并无异议。D某认为G机场公司为缔约承运人，A机场公司为实际承运人，两机场与D航空公司均是本案航空旅客运输合同当事人，应当承担连带赔偿责任。

《民用航空法》第137条第1款规定："本节所称缔约承运人，是指以本人名义与旅客或者托运人，或者与旅客或者托运人的代理人，订立本章调整的航空运输合同的人。"本案中，G机场公司未以该机场名义与D某签订航空旅客运输合同，其为D某办理的托运行李并拴挂行李牌的业务系基于与D航空公司签订的地面代理服务协议中约定的服务内容而为，其与D某之间基于航空旅客运输合同产生的法律责任应当由被代理人D航空公司承担。因此G机场公司不是本案航空旅客运输合同的缔约承运人，不是本案航空旅客运输合同的当事人，其对D某托运行李的丢失不应当承担连带赔偿责任。

《民用航空法》第137条第2款规定："本节所称实际承运人，是指根据缔约承运人的授权，履行前款全部或者部分运输的人，不是指本章规定的连续承运人；……"本案中，A机场公司提交的证据证明，其与D航空公司签订的服务协议中，D航空公司并未对A机场公司授权履行全部或者部分运输业务，其为D航空公司提供的服务范围亦不包括到达行李的运送。因此，A机场公司不是本案航空旅客运输合同的实际承运人，不是本案航空旅客运输合同的当事人，其对D某托运行李的丢失不应当承担连带赔偿责任。

综上，人民法院认为G机场公司、A机场公司不是航空旅客运输合同的当事人，D某主张两机场承担连带责任缺乏法律依据，且本案中也没有证据证明两机场在进行地面服务及航空性业务服务过程中存在违约行为，因此未对D某的主张予以支持。

[相关法律法规]

《民用航空法》（2021年修正）

第一百二十八条 国内航空运输承运人的赔偿责任限额由国务院民用航空主管部门制定，报国务院批准后公布执行。

旅客或者托运人在交运托运行李或者货物时，特别声明在目的地点交付时的利益，并在必要时支付附加费的，除承运人证明旅客或者托运人声明的金额高于托运行李或者货物在目的地点交付时的实际利益外，承运人应当在声明金额范围内承担责任；本法第一百二十九条的其他规定，除赔偿责任限额外，适用于国内航空运输。

第一百三十二条 经证明，航空运输中的损失是由于承运人或者其受雇人、代理人的故意或者明知可能造成损失而轻率地作为或者不作为造成的，承运人无权援用本法第一百二十八条、第一百二十九条有关赔偿责任限制的规定；证明承运人的受雇人、代理人有此种作为或者不作为的，还应当证明该受雇人、代理人是在受雇、代理范围内行事。

[案例7]

W某、G某客梯车剐碰航空器事件

[案情概述]

某地面保障单位客梯车驾驶员W某、客梯车引导员G某分别驾驶客梯车前往S机场某机位进行保障作业。驾驶员W某将车停在飞机左2门附近准备对靠，G某将车停在机位设备区后，下车走到飞机左2门下准备引导工作，但下车时未按规定熄灭发动机、未拉紧手刹、未设置轮挡或放下支撑脚，导致客梯车自行向前滑动，与飞机左发进气道发生接触，造成飞机损伤超标，停场维修。后经查，客梯车引导员G某尚未通过航空器活动区驾驶证考试，在未取得航空器活动区机动车驾驶证情况下驾驶客梯车，属于无证驾驶行为；同时其在进行客梯车对接作业中，未严格按照客梯车操作标准要求进行作业，属于违规作业，是导致此次事件的直接原因。此外，客梯车驾驶员W某作为带班人员对G某负有监管职责，但W某未对G某无证驾驶行为进行制止，也未对其违规操作行为进行纠正，是导致此次事件的间接原因。

[处理结果]

民航华北地区管理局某监管局对此事件进行了调查。根据《民用航空器事故征候》第 6.1 条，此次事件构成一起航空器地面事故症候。监管局针对此事件发现的违章问题拟对某地面保障单位进行行政处罚。

本节案例评述

1. 关于境外航空公司服务合同债务履行风险的防范

纵观国际民航发展历程，以航空公司为营运主体的民航业一直是一个竞争激烈的领域。随着全球经济热潮的衰退、航空安全和传染性疾病等原因，中小型航空公司因其抗风险能力较弱，易陷入经营困境：费用拖欠甚至破产重组事件时有发生。机场为扩张航线网络，对航空公司的通航申请往往持欢迎态度，在开航前也没有尽职调查的相关要求。再者，基于民用机场是国家为公众提供航空运输服务的载体，管理机构常常为了公共服务，即使航空公司出现欠费，也不能立即采取强制措施。比如，前述案例中，X 航空公司是一家外国的小型成本航空公司，即使 X 航空公司从 2015 年 5 月 1 日起就开始拖欠航空服务费，但机场管理机构依然坚持为其航班提供服务，直至 2016 年 8 月 25 日，X 航空公司才停飞了其在 G 市机场的所有航班。

出现航空公司拖欠航空服务费用的情况时，如该航空公司继续执行航班计划，拖欠情况可以通过资源管控等手段得以缓解；但是，如该航空公司（特别是境外航空公司）出现破产的情况，债务能够得到清偿的比例通常较低，因为运营过程中提供的各种类型航空服务费用常常属于普通债权。鉴于此，向境外航空公司主张债权成为机场管理者日渐关注的领域。机场管理机构在跨境破产程序主张或实现债权的过程中，面临如下法律风险和障碍：

（1）欠缺统一的国际破产法律制度。

跨境破产一直是国际私法关注的热点之一，它是指具有涉外因素的破产程序，一般涉及某一跨国公司在不同国家的多个子公司或分公司的资产和债务处置问题，而且该问题在机场相关债务中更为突出。以航空公司为例，作为机场提供的航空服务费用的债务人，主要资产为分布在世界各地的民用航空器，其破产财产的管理和清算涉及多个法域和国家的法律。现实中，这些法律规定不可避免地存在法律冲突，导致在某一个跨境破产债权债务关系中存在法律适用上的混乱、矛盾和分歧。为解决该问题，联合国国际贸易法委员会于1997年通过《跨国界破产示范法》(Model Law on Cross-border Insolvency)，其致力于加强与促进各国对破产债务人资产和事务方面的监管，增强各国在跨境破产方面的协调和合作，并尊重各国程序法之间的差异。目前，总共有49个国家共在52个法域通过了以该示范法为基础的跨境破产立法。[1]

尽管如此，该示范法所能达到的作用十分有限：一方面，中国、俄罗斯、法国等航空大国并未以此为基础修改或制定关于跨境破产的国内立法，即使我国在2006年就通过了《企

---

〔1〕《贸易法委员会跨国界破产示范法》(1997年)，载https://uncitral.un.org/zh/texts/insolvency/modellaw/cross-border_insolvency/status，最后访问日期：2021年1月14日。

业破产法》，但该法并非基于上述示范法制定或修订；另一方面，该示范法的目的不在于要统一实体破产法，而是为了加强各国在跨境破产方面的沟通和合作，其并不具有强制约束力。因此在各国破产制度差异极大的情况下，执行跨境破产程序时将会涉及不同国家法律的适用问题。由于机场管理机构并非专业的法律机构，其了解和掌握跨境破产国家的法律已相对困难，更不用说了解各国法院对破产案件的管辖权、破产程序中进行申报的时间节点、优先受偿权、仲裁与诉讼路径的选择等问题。不同的国家针对上述问题存在不同的规定，将会给机场管理机构作为债权人主张破产债权造成一定困难。

（2）管辖权风险。

在理论上，跨境破产管辖权的确定标准包括债务人住所地管辖原则、债务人主营业所所在地管辖原则、财产所在地管辖原则等。在司法实践中，由于各国在跨国破产管辖原则上存在较大差异，所采取的跨境破产效力制度也不尽相同，导致管辖权的积极冲突时有发生。各国为了保障本国破产债务人或者债权人的利益，对跨境破产案件管辖权的争夺格外激烈，并试图适用不同的管辖权确定标准来扩张本国的管辖权。另外，与跨境破产管辖权积极冲突密切相关的是破产法院所在国和破产财产所在地法院所采取的破产效力制度，即跨境破产适用的地域范围，解决的是一国的破产程序对位于其他国家或法域的破产人财产是否有效的问题。本国法院对其他国家跨境破产程序效力的态度，最终将影响机场管理机构跨境破产债权的实现。

（3）法律文书承认和执行的风险。

跨境破产涉及航空相关纠纷时，对财产所在国的债权人利益的影响是巨大的，基于国家主权原则，大部分的境外机场和航空公司是政府直接监管或间接控股的公共设施和国家航空安全相关方。在这样的客观环境下，各国对于来自境外的航空相关破产判决或裁定的态度往往较普通涉外民商事判决的态度更为谨慎，势必在审查程序和执行方面设置诸多政治和法律上的障碍。具体而言，机场管理机构在实现跨境破产债权中，可能会涉及两种类型的承认和执行：一为外国判决在中国的承认和执行，二为中国判决在外国的承认和执行。在司法实践中，由于各国都倾向于维护本国主体的利益，我国判决在他国的承认和执行还可能面临被拒绝的可能性。

我国关于跨境破产裁决承认和执行的立法主要为 2007 年生效的《企业破产法》，其第 5 条规定："依照本法开始的破产程序，对债务人在中华人民共和国领域外的财产发生效力。对外国法院作出的发生法律效力的破产案件的判决、裁定，涉及债务人在中华人民共和国领域内的财产，申请或者请求人民法院承认和执行的，人民法院依照中华人民共和国缔结或者参加的国际条约，或者按照互惠原则进行审查，认为不违反中华人民共和国法律的基本原则，不损害国家主权、安全和社会公共利益，不损害中华人民共和国领域内债权人的合法权益的，裁定承认和执行。"依据该条规定，我国境内法院的破产裁决文书理论上在外国有效，但在司法实践中，外国是否真正承认我国法院的破产裁决文书，还取决于该外国的法律规定或者其与中国签署的双边或多边条约。

在双边条约方面，我国与波兰、俄罗斯等国家订立了民刑事协助条约，与意大利、法国等国家订立了民商事司法协助条约。我国除与西班牙明确排除破产裁决的承认与执行，与韩国、新加坡仅承认与执行仲裁裁决外，还至少与20多个国家签订了双边司法协助条约，相互承认民事裁判与执行的效力。如果上述国家的代表请求我国承认与协助该国破产程序，在不存在拒绝承认的情况下，理论上，中国法院可以予以承认与执行。然而，与民用航空业的国际性相比，上述双边协定的适用范围明显较窄。而在多边条约方面，我国尚未加入任何有关跨境破产的多边条约。

由于很难在成员国之间达成一致意见，关于承认和执行民商事判决的国际文书大都将与破产有关的裁决排除在其范围之外，导致跨境破产案件协调与合作不足，由此导致在承认和执行与破产有关的判决方面存在种种不确定性，阻碍了对跨境破产进行公平、高效和有效的管理，增加了债务人非法藏匿或转移破产财产的可能性，妨碍了各国机场管理机构作为债权人顺利实现债权。为此，联合国国际贸易法委员会于2018年12月20日通过了《关于承认和执行与破产有关判决的示范法》，为各国承认和执行与破产有关的裁决提供一个简单、直接和协调统一的程序。[1]但上述示范法与《跨

〔1〕《贸易法委员会关于承认和执行与破产有关判决的示范法附颁布指南》（2018年），载 https://uncitral. un. org/zh/texts/insolvency/modellaw/mlij，最后访问日期：2020年6月24日。

国界破产示范法》的性质相同，均只是示范法，不具有强制约束力，需要各国通过国内立法予以转化，目前尚不能对机场管理机构破产债权相关裁决的承认和执行起到积极意义。

那么，机场管理机构如何更好地应对境外航空公司服务合同债务履行相关法律风险呢？

首先，建议机场管理机构应在相关服务协议中主动选择适用中国法律法规，并在合同中约定由中国法院或仲裁机构管辖，并及时通过中国司法系统根据中国法律对破产程序中债务人在中国的财产采取保全措施。

其次，无论是破产法院所在地采取何种制度，无论本国是否承认外国的破产程序，也无论外国是否承认本国的破产程序，机场管理机构均可以在本国启动破产债权的实现程序（非破产程序），申请司法机构协助查封或扣押债务人在本地的财产，并通过本国诉讼或者仲裁方式实现自己的债权，除非机场管理机构所在国和破产法院所在地国存在跨境破产方面的双边或多边协定。

再次，积极适应他国的破产程序。由于各国在具体法律制度上存在差异，机场管理机构一般无法在本国提出异议，只能积极适应他国的破产程序，建议委托专门机构或自行积极对破产债权人的财产做尽职调查，并及时了解对债务人是否在某国进行了破产宣告、破产保护申请等信息，以免错过最佳的债权主张期。

最后，探索留置航空器的可行性。鉴于民用航空器的重资产和高流动性，国际统一私法协会（UNITDROIT）和国际民航组织（ICAO）推动各国签署了《移动设备国际利益公约》及《移动设备国际利益公约关于航空器设备特定问题的议定书》，上述公约和议定书于 2006 年 3 月 1 日生效。2008 年 10 月 28 日，我国十一届人大常委会第五次会议批准加入该公约和议定书，并于 2009 年 6 月 1 日起生效。《移动设备国际利益公约》和《移动设备国际利益公约关于航空器设备特定问题的议定书》规定了民用航空器的取回权，一旦债务人出现不履约风险，债权人可以取回移动设备或者获得其他救济手段。该取回权虽然使得机场管理机构对航空公司主张破产债权带来一定法律障碍，比如，当航空公司运营的民用航空器来自于境外租赁公司时，机场管理机构和租赁公司关于航空器留置的冲突就更为明显，两者债权的清偿顺序也将受到影响；但是，《移动设备国际利益公约》第 39 条也规定了缔约国可以于任何时候，在向议定书保存机关交存的声明中一般地或具体地声明：……（b）本公约不影响国家或国家实体、政府间组织或其他公共服务的私人提供者依照该国法律扣留或扣押标的物，以向此种实体、组织或提供者支付与使用该标的物或另一标的物的服务直接有关的欠款的权利。我国在加入《移动设备国际利益公约》的时候作出了上述声明，这在一定程度上保障了我国民用机场对拖欠费用的债务人的航空器予以留置的权利。

自 2021 年 1 月 1 日起施行的《民法典》保留了《物权

法》第230条[1]的内容，在第447条规定："债务人不履行到期债务，债权人可以留置已经合法占有的债务人的动产，并有权就该动产优先受偿。前款规定的债权人为留置权人，占有的动产为留置财产。"可以看到，《民法典》认可并延续其生效前民法体系中对留置权成立的要件要求，即债权人已经合法占有债务人的动产、债权人占有的动产应当与债权属于同一法律关系、债务人不履行到期债务。此外《民法典》没有明确要求所留置的标的物必须属于债务人所有，这也沿袭了其生效前民事法律制度对留置财产的范围界定。此系机场管理机构行使留置权的法律利好规定。案例4虽为机场管理机构行使留置权提供了司法实践经验，但是，其特殊的案例背景亦是不能忽略的，即G机场公司在留置航空器时，已无须向X航空公司提供航空器起降服务。

由于我国现行法律中对民用航空器留置权缺乏明确统一的法律规定，在具体案件中引起了较大争议。留置权属于实践性非常明显的一项担保物权，在对其进行相关法律分析时，需要充分考虑到实践中的需求。实践中，如果不赋予机场管理机构对民用航空器留置的权利，一方面会导致机场管理机构的权利得不到保障，另一方面会鼓励民用航空器的运营者规避被留置的风险，不利于诚实信用的维护和信赖利益的保护。而且，从比较法上的经验来看，对机场管理机构留置航

[1] 《物权法》第230条规定："债务人不履行到期债务，债权人可以留置已经合法占有的债务人的动产，并有权就该动产优先受偿。前款规定的债权人为留置权人，占有的动产为留置财产。"

空器进行特别规定，取得了较好的效果，如美国各州都针对民用航空器的留置权进行了规定，虽规定各不相同，但都在一定程度上赋予了机场管理机构对民用航空器的留置权。因此，为保障债权人利益得以实现，应当赋予我国民用机场管理机构对民用航空器的留置权，并规范该权利的相关行使规则，以进一步促进我国民航事业的健康发展。

留置权系一项法定的且优先于其他担保物权的强势权利，可有效对冲航空公司拖欠服务费用的法律风险，机场管理机构需把握其行使要件对其予以充分运用。除此之外，机场管理机构也可考虑通过其他意定权利寻求债权实现的保障，例如，在日常经营管理中将抵押权、质押权、保证的担保功能充分发挥，要求资信不良、具有违约风险的航空公司向机场管理机构提供担保物权或要求其他自然人或法人为其提供担保，等等。

2. 从国际民航组织《机场经济学手册》中看民用机场的地面服务

制定《机场经济学手册》（以下简称“Doc 9562”）的目的是向各机场管理机构提供实际指导，协助对机场进行有效管理，并实施《国际民航组织关于机场和空中航行服务收费的政策》（以下简称“Doc 9082”）。

Doc 9082 与《国际民用航空公约》的地位不同，缔约国对这些政策的遵守不受法律的约束，但由于这些原则是基于主要国际会议的建议，从道义上讲，各国是有义务遵守的。[1]

---

〔1〕 国际民用航空组织：《机场经济学手册》（Doc 9562），2013 年版，第 21 页。

Doc 9562 将地面服务列举为机场主要职能之一，这部分职能一般需要大量的员工，其中部分或全部职能可以分包出去。虽然在大多数机场由航空公司或专业地面服务企业提供，但也有相当数量的机场自己行使全部的地面服务职能或其中一部分。〔1〕承担职能的多少导致核算机场成本基础的不同；〔2〕承担职能方式不同使获取的收入计入不同的科目。机场自行承担这部分职能，由于使用机场为航空器服务所提供的设施和服务而向航空器运营人收取的费用计入机场地面服务费收入；〔3〕机场将这部分职能分包，不管受让人是航空公司还是单独的地面服务代理人或公司，机场将征收特许经营费，该费记为非航空活动收入。〔4〕

机场地面服务被 Doc 9562 划归为与航空运输服务的经营直接相关的特许经营活动之一。国际民航组织鼓励从非航空

〔1〕 国际民用航空组织：《机场经济学手册》（Doc 9562），2013 年版，第 44 页。地面服务，本职能只与那些在机场提供部分或全部地面服务的机场有关。可将其分为候机楼服务（旅客登机手续办理、行李和货物搬运、飞行计划处理）和停机坪服务（航空器服务、保洁和维护）。如果不将其编制为一单独职能，可将其包含在“机场设施运营职能”项下（见第 2.51 段）。本职能一般需要大量的员工，其中部分或全部职能可以分包出去。

〔2〕 国际民用航空组织：《机场经济学手册》（Doc 9562），2013 年版，第 79 页。

〔3〕 国际民用航空组织：《机场经济学手册》（Doc 9562），2013 年版，第 58 页。

〔4〕 国际民用航空组织：《机场经济学手册》（Doc 9562），2013 年版，第 59 页。地面服务费收，此收入指因使用机场为航空器服务所提供的设施和服务而向航空器运营人收取的费用。应指出，在大多数机场，地面服务多由一家或多家航空公司或专业地面服务企业提供。在后一种情况下，机场将征收特许经营和/或出租费，该费应记为非航空活动收入。

活动中全面开发收入，诸如燃油、机上配餐和地面服务之类的直接与空中交通运输服务经营相关的特许经营除外。这类活动仍然为特许经营，因而不受建议用于空中交通收费的同类限制的约束，但在决定这些活动的收费时应该谨慎。〔1〕这项建议，从某种程度上看，是站在航空器运营人的角度考量的，因为与航空运输活动直接相关特许经营的服务对象是航空器运营人，由此产生的费用亦是由航空器运营人承担。

综上，国际民航组织主张严格控制空中交通收费，谨慎对待直接与空中交通运输服务经营相关的特许经营活动，鼓励充分开发非航空活动带来的收入。机场可以产生超过所有直接和间接营运成本（包括一般行政管理费等）的足够收入，从而提供合理的资产回报，足以在资本市场上高效获得融资，以便投资于新的或扩建的机场基础设施，并酌情给机场产权持有者适当的报偿。〔2〕

3. 民用机场地面设备剐碰航空器行为的刑事责任及其防范的探讨

随着我国民航运输量的快速增长，航空器、车辆、设备和人员机坪活动日益频繁、拥挤，以致近年来民用机场地面设备剐碰航空器事件时有发生，成为危害航空安全的一个重大隐患，同时也构成民用航空企业面临的核心法律风险之一。

---

〔1〕 国际民用航空组织：《机场经济学手册》（Doc 9562），2013 年版，第 98 页。

〔2〕 国际民用航空组织：《国际民航组织关于机场和空中航行服务收费的政策》（Doc 9082），2012 年版，第 17 页。

航空器剐碰是指航空器在地面运行或停场保障期间与其他航空器、车辆、设备设施或其他物体相剐碰，造成航空器等受损的情形。[1]根据相关分析，目前发生的航空器剐碰事件按照事件类型可以分为以下三大类：一是航空器与航空器剐碰，二是航空器与运营车辆剐碰，三是航空器与廊桥等机场设备、设施剐碰。鉴于 2005 年 7 月 18 日中国民用航空总局局务会议通过的《民用机场专用设备使用管理规定》（中国民用航空总局令第 150 号）将民航地面车辆统称为民航专用设备，因此，本案例评述所指的民用机场地面设备剐碰航空器行为包括后两种情况。

民用机场地面设备剐碰航空器行为的危害主要体现在经济损失方面。航空器价格非常昂贵，根据 2019 年波音飞机的价格来看，价格最低的产品是 B737-700，售价 8580 万美元，约合人民币 6 亿元；而价格最高的则是 B777-9，售价 4.258 亿美元，约合人民币 30 亿元。剐碰如此昂贵的航空器，其维修费用之高昂不难想象。民用机场地面设备剐碰航空器的原因包含了自身和外部环境等多方面因素，其中人为因素是最主要原因。[2]这就意味着，民用机场地面设备剐碰航空器行为，如涉及违反安全管理规定的违章作业，可能会构成《刑

---

〔1〕 参见涂堃、郭洪源、崔艾军、陈慕华：《航空器地面刮蹭事件研究和防范》，载《2017 世界交通运输大会论文集》（上册），中国北京。

〔2〕 参见涂堃、郭洪源、崔艾军、陈慕华：《航空器地面刮蹭事件研究和防范》，载《2017 世界交通运输大会论文集》（上册），中国北京。以北京首都国际机场为例，根据相关分析，由人为因素造成的刮蹭事件占比达 86%，人员违章操作/指挥一度是造成航空器剐碰的主要原因。

法》中的业务过失。最高人民法院、最高人民检察院于2015年发布的《关于办理危害生产安全刑事案件适用法律若干问题的解释》（以下简称《生产安全刑事案件解释》）中将业务过失犯罪的起刑点定为100万元。鉴于航空器本身造价非常昂贵，因此剐碰行为造成的经济损失很容易达到这一起刑点。这样一来，民用机场地面设备剐碰航空器行为很容易满足重大责任事故罪等业务过失犯罪的主观和客观构成要件，机场管理机构作为负责民用运输机场运营与安全的主体，将面临现实的刑事法律风险，因此，有必要尝试提出化解这一刑事法律风险的有效途径。

（1）我国《刑法》规制存在的缺陷与不足。

通过对我国规制民用机场地面设备剐碰航空器行为的刑事立法、司法解释及其立法考量的研究可以发现，我国《刑法》、相关司法解释规定在精准和精细化操作方面尚存在一定的不足之处，对民用航空企业的未来发展可能产生不利影响。

第一，单纯以经济财产损失作为入罪标准，有违刑法的谦抑性。刑法的谦抑性是指刑罚作为最严厉的惩罚手段，在惩治违法、过错行为时要坚持审慎和后置，在确有必要和确保有效时才使用，在其他法律手段无法遏制和不足以惩罚后才使用，因为刑罚也是副作用最大的惩罚手段。我国《刑法》第132条以下的安全生产责任事故犯罪[1]，本质上属

---

〔1〕包括第132条规定的铁路运营安全事故罪、第134条第1款规定的重大责任事故罪、第135条规定的重大劳动安全事故罪、第136条规定的危险物品肇事罪及第139条规定的消防责任事故罪。

于业务过失犯罪，均以“造成严重后果”为成立要件。按照《生产安全刑事案件解释》第6条的规定，“造成严重后果”包括造成直接经济损失100万元以上的情况。这就意味着，我国《刑法》在犯罪的客观方面可单纯以经济财产损失作为入罪标准。在民用航空业的语境下，这一规定的妥当性值得商榷。

首先，从立法政策来看，对单纯造成经济损失的行为，动用作为“最后手段”的刑法缺乏必要性。针对民用机场地面设备剐碰航空器行为，民用航空企业基本上都买有保险，保险公司可以及时对损失进行赔偿。民用航空企业针对上述业务过失的惩处也多采用行政和经济处罚方式。〔1〕换言之，民事救济和行政制裁足以挽回民用航空企业所遭受的经济损失，在这种情况下，动用作为“最后手段”的刑法就失去了必要性和合理性。从比较刑法学的角度来看，美国、加拿大、英国、法国等欧美法治发达国家的刑法均没有将单纯造成经济损失的行为入罪，这也是单纯造成经济损失的行为不适宜入罪的佐证。

其次，从司法实践来看，刑法相关规定容易成为象征性立法。自从德国社会学家乌尔里希·贝克（Ulrich Beck）在20世纪提出“现代社会是一个风险社会”的命题以来，风险

---

〔1〕参见李群：《民用机场地面设备剐碰航空器起刑点的研究》，载《民航管理》2019年第8期。

社会便成为当代社会科学中一个被普遍接受的概念。[1]从各国治理风险的实践来看，最重要的法律手段就是刑法。我国对单纯造成经济损失的剐碰行为风险即采用了刑法规制的方式。这种方式虽然能够满足风险社会下公众对于风险的心理态度，国家和民众似乎也在此寻找到了实现安全感的共同途径。但问题在于，这种犯罪控制多属于精神上的安慰剂，与风险控制的实效性并无必然关联。[2]实际上，中外民用航空企业往往倾向于采用行政和经济的处罚方式处理剐碰行为，刑事司法机关在刑事司法资源紧张的情况下也未必愿意积极介入。这就导致在剐碰行为处理上出现了“民不告官不究”的局面。立法规范与现实实践之间的巨大张力有时会导致相关立法成为一种象征性立法。[3]

第二，将单纯的财产安全作为公共安全的内容缺乏合理性。在贫穷落后、重物不重人及公共财产高于个人权利等传统观念的长期影响下，我国刑法理论的主流观点还是将纯粹的重大公私财产安全视为公共安全的内容。[4]前述的刑法理论与《生产安全刑事案件解释》将单纯造成经济损失的行为入罪，一定意义上也是受这一观点影响的产物。但是，在尊

---

〔1〕 参见薛晓源、周战超主编：《全球化与风险社会》，社会科学文献出版社 2005 年版，第 7 页。

〔2〕 参见刘艳红：《象征性立法对刑法功能的损害——二十年来中国刑事立法总评》，载《政治与法律》2017 年第 3 期。

〔3〕 对此最有力的证据就是目前国内尚没有对剐碰事故责任人进行刑事起诉的案例。

〔4〕 参见曲新久：《论刑法中的“公共安全”》，载《人民检察》2010 年第 9 期。

重和保障人权的现代背景下，不分情况固守这一观点已缺乏科学合理性。

首先，将单纯的财产安全作为公共安全的内容会导致刑事司法合法不合理的情形发生。如果单纯的财产安全属于公共安全，那么盗窃银行、博物馆并取得重大价值财物的行为也应当认定为危害公共安全罪。[1]面向不特定多数的非法吸收公众存款、集资诈骗行为同样成立危害公共安全罪。单纯造成经济损失的民用机场地面设备剐碰航空器行为，如果是故意，那就构成以危险方法危害公共安全罪；如果是过失，则构成过失以危险方法危害公共安全罪。但是，无论是在理论还是现实中，即便是支持单纯的财产安全属于公共安全的人也不会认同这种观点。

其次，将单纯的财产安全作为公共安全的内容会导致刑事立法的不均衡。刑法中，侵害同一法益的犯罪，故意犯的量刑要远远重于过失犯。例如，故意杀人罪与过失致人死亡罪的保护法益都是人的生命权，故意伤害罪与过失致人重伤罪的保护法益都是人的身体完整权，但是在法定刑上有天壤之别。如果将单纯的财产安全作为生产安全的内容，则会出现故意损毁财物的法定刑与过失损毁财物的法定刑大致相同，甚至有可能更轻的现象，产生了明显的不均衡。[2]

---

〔1〕 以沸沸扬扬的许霆案为例，判决书认定许霆盗窃金融机构，数额特别巨大，那么按照最极端的理解，许霆的行为构成以危险方法危害公共安全罪，这显然不合理。

〔2〕 故意毁坏财物罪，最轻处罚金；而重大责任事故罪，最轻处拘役。

由此可见，将单纯的财产安全作为公共安全的内容会产生让人难以接受与难以理解的问题。实际上，公共安全原则上应当包括不特定多数人的生命、健康等安全。[1]财产安全，只有在财产受侵害的同时产生危害不特定多数人的生命、健康等安全的后果时，才可能成为公共安全的内容。因此，过失的剐碰行为如果只造成财产损失，没有危及人身安全，在《刑法》没有明文规定单纯的过失损毁财物行为构成犯罪的情况下，不应构成犯罪；只有在过失的剐碰行为对人的生命、健康、航空器的飞行安全、机场安全造成严重后果的情况下，才有成立相应过失犯罪的必要性。[2]

第三，起刑点的不合比例性。立法应当遵循比例原则，比例原则是罪刑相适应和刑罚公正的必然要求。这一原则要求公权力的行使必须符合一定的比例要求，否则就缺乏正当性。就刑罚权发动而言，要求不仅刑事法律追求的目标必须正当，而且达到该目标的过程也必须在狭义上合理、必要，且合乎比例。[3]根据比例原则的内涵，将其适用于起刑点的确定时，既要求形式上的均衡性（如危害结果相似的犯罪应当制定相似的起刑点），更要求实质上的均衡性（如针对不同的行业制定与之相称的起刑点）。目前《刑法》与《生产安全刑事案件解释》对于危害生产安全的业务过失犯罪采取

---

〔1〕 参见张明楷：《刑法学》，法律出版社 2011 年版，第 602 页。

〔2〕 如过失损坏交通工具罪。

〔3〕 参见［德］埃里克·希尔根多夫：《德国刑法学：从传统到现代》，江溯、黄笑岩等译，北京大学出版社 2015 年版，第 227 页。

了统一的起刑点，这虽然满足了比例原则的形式均衡性，但与比例原则的实质均衡性相去甚远。

首先，统一的起刑点忽视了行业的内在差异。如前所述，一架波音飞机的价格在6亿元~30亿元人民币之间，而在地质普查勘探工程中，一个钻探机台的机械设备价值几万元到几十万元不等，一套石油钻井设备的价值为数百万元。基于行业的差异性，有些行业很容易就能达到起刑点，有些行业则很难。“一刀切”的起刑点只强调标准的统一性，却忽视了各种行业之间客观存在的差异性，实际上是以形式的平等损害了实质上的不平等。

其次，统一的起刑点导致法律的形式理性与实质理性相互背离。统一的起刑点满足了法律的形式理性要求，即类似案件类似处理。但是，由于社会生活变迁、立法者理性所不及、法律语言不能全面反映生活事实等种种原因，依照形式理性得出的结论可能会与社会现实产生矛盾，也就是形式理性与实质理性相背离。[1]这种背离一旦达到一定程度，法律就会沦为干巴巴的文字，最终会因脱离实际而难以实施。[2]

由此可见，对危害生产安全的业务过失犯罪采取统一的起刑点的做法不符合比例原则的要求，脱离了实际。通过司法途径因行制宜，为不同的行业分别制定符合其具体情况的

---

〔1〕参见董悦：《公民个人信息分类保护的刑法模式构建》，载《大连理工大学学报（社会科学版）》2020年第2期。

〔2〕参见胡云腾：《司法的法治使命是滋养法律》，载《法治日报》2013年10月30日，第9版。

起刑点，实现法律的精细化治理，或是当务之急。

（2）民用航空企业可能产生的刑事风险。

民用机场地面设备剐碰航空器，一旦剐碰行为造成的直接经济损失达到业务过失犯罪的起刑点，操作地面设备的员工在入罪上自然是首当其冲，而这只是长长的刑事追责链条的起步环节。像《刑法》第134条第1款规定的重大责任事故罪这样的安全生产责任事故类业务过失犯罪，并非单位犯罪，这就意味着司法机关不能根据《刑法》第31条单位犯罪的规定直接追究企业和直接负责的主管人员和其他直接责任人员的刑事责任。但是，这并不意味着操作地面设备的员工之外的人就可以高枕无忧。对剐碰行为具有过失的人，都有可能为此负担刑事责任。我国《刑法》第25条虽然否认了共同过失犯罪，可是刑法理论与实务的主流观点都认为，违反了共同注意义务，促成了过失犯罪造成的危害结果的行为人同样构成过失犯罪。由于剐碰行为涉及人员操作、车辆设备、机位设计等方面的问题，牵涉的人员范围较广。这就意味着，必须正确地划定刑事追责的范围。

第一，监督过失与管理过失的认定。具体而言，刑法理论与实践上存在监督过失与管理过失的概念。所谓监督过失，是指由于业务及其他社会生活关系，在特定的人与人之间形成了一种监督与被监督的关系，监督者对被监督者的行为，在事前要进行教育、指导、指示和指挥，事中要进行监督，事后要进行检查，如果因为没有尽到监督职责而发生事故，就成立过失。所谓管理过失，是指管理者对自己所管理的事

项，要确立安全的管理体制，如果因为没有确立安全管理体制而发生事故，就成立过失。〔1〕

在监督过失中，存在监督者的过失行为，即监督者有防止被监督者发生过失行为的义务，但却没有履行这种义务（如没有对被监督者作出指示或作出了不合理的指示），导致被监督者的过失行为直接造成了结果。〔2〕当然，也不能仅因为监督者没有履行这种义务就立即认定监督者具有监督过失。监督过失的成立，首先需要监督者对未来可能发生的损害具有具体的预见可能性，其具体的判断标准应当根据当事人自身的注意能力确定。〔3〕这种具体的预见可能性的“具体”是相对的，即单纯的恐惧不安固然不能称为“具体”，但也不能具体到事无巨细的地步。〔4〕以剐碰行为为例，只要能够认识到自己的行为可能会导致剐碰行为即可，不需要具体到哪一架飞机；只要能够认识到自己的行为与剐碰行为之间存在因果关系即可，不需要对具体的因果流程有预见可能性。其次，还需要监督者有结果的回避可能性，即在某些情况下，

〔1〕 参见张明楷：《刑法学》，法律出版社 2016 年版，第 296 页。

〔2〕 典型情况就是手术中医生对护士的监督，如果医生监督不当，导致护士因过失而发生医疗事故，医生则具有监督过失。

〔3〕 当事人的注意能力不得低于从事该行业的一般人的水平。如果低于，则当事人不得以结果超出其注意能力为由主张免责；负责选任当事人的人也有可能因此负下文所说的管理过失责任。

〔4〕 将监督过失的预见可能性程度界定为可能预见到具体的危害结果及其因果过程并不切合实际，应当将监督过失中的预见可能性程度理解为监督者对自己管理的物或者直接行为人的违法行为所能够造成的危害结果及其因果过程的基本内容具有概括性预见。在下文的管理过失中也应该采同一理解。参见王良顺：《管理、监督过失及其判断》，载《政法论坛》2010 年第 6 期。

虽然监督者对结果具有预见可能性，甚至已经预见，但不可能采取措施避免结果发生，或者虽然采取措施仍然不可能避免结果发生的，不成立监督过失。例如，操作地面设备的员工的监督者虽然已经尽了合理的注意义务，但是由于剐碰行为从起因到发生的时间过于短暂，监督者在合理时间内来不及采取措施的，不应当为此追究监督过失责任。另外，监督者合理信赖被监督者会采取合乎规定的适当行为的，也排除监督过失。〔1〕

所谓管理过失，是指管理者因为过失没有采取必要的防范措施，或者没有指示被管理者采取防范措施，导致了结果发生；或者由于自然原因或第三者的意外行为导致了结果发生。〔2〕在实践中，追究管理过失责任的情况主要包括未确立安全管理体制、未配备安全设施、未对员工进行安全知识培训以及对负责人选任不当等。〔3〕前一段所述的监督过失对具体的预见可能性、结果的回避可能性和合理信赖的理解同样适用于管理过失。

第二，监督过失与管理过失的追责链条。监督、管理制度是一种层级化的制度，监督者与管理者同时也是被监督与被管理者，那么监督、管理过失的追责链条究竟要延伸到哪一级为止？首先可以确定的是，在被监督者与被管理者故意

---

〔1〕 参见张明楷：《刑法学》，法律出版社2016年版，第289页。

〔2〕 例如，地面设备管理者疏于防范，随意将设备堆放在露天，结果机场刮起大风，导致设备刮碰飞机。

〔3〕 参见陈洪兵：《责任事故罪中管理、监督过失责任的认定：以二十个判例为切入进行类型化分析》，载北大法宝，法宝引证码：CLI. A. 466624。

犯罪的场合，例如操作地面设备的员工出于报复泄愤目的故意剐碰飞机的，监督者、管理者的过失行为实际上对结果已失去原因力，一般可以免于归责。[1]对于被监督者、被管理者与监督者、管理者均具有过失的情况，本书认为，不能仅以抽象的监督、管理关系认定监督、管理过失。换句话说，不能仅因为存在“上级领导”这一关系就问责，否则刑事追责的链条就无边无际了。监督、管理过失犯罪语境中的监督与被监督、管理与被管理是具体特定的，主要表现为社会分工体系中岗位之间的约束。[2]具体而言，随着分工的精细化和现代企业制度的完善，各单位基本上都采取了分层负责制。单位按照分层负责的原则将业务分配给各主管人员督导，该主管人员就是具体负责的监督者、管理者。这也符合我国《刑法》的负刑事责任者必须是直接责任人员的精神。需要强调的是，这种岗位之间的约束必须具有实际的约束力，也就是说监督者、管理者对被监督者、被管理者要具有支配力，即享有实际的监督、管理权限。监督、管理关系的确定并不一定以法律和组织章程为准，而是要看实际权限归属。上级越权行使监督、管理职权的，即便法律和组织章程等规范规定该上级形式上不是监督者、管理者，也应当负监督、管理过失责任；监督者、管理者有合法事由和客观事实导致其不

---

〔1〕 参见钱叶六：《监督过失理论及其适用》，载《法学论坛》2010 年第 3 期。

〔2〕 参见易益典：《监督过失犯罪中主体范围的合理界定》，载《法学》2013 年第 3 期。

能享有实际监督、管理职权时，应免除或减轻其过失责任。

第三，剐碰行为刑事责任的具体认定。《生产安全刑事案件解释》第1条规定，重大责任事故罪的犯罪主体，包括对生产、作业负有组织、指挥或者管理职责的负责人、管理人员、实际控制人、投资人等人员，以及直接从事生产、作业的人员。由此可见，司法解释已经确立了监督、管理过失。总体而言，目前的司法实践对监督、管理过失的认定较为谨慎，在对大多数事故的判决中，法院只追究直接责任人的刑事责任，而对于作为监督者、管理者的上级领导只进行行政处罚或党内处分。〔1〕但是在少数的极重大案件中，可能是迫于外界的压力，法院又会扩大处罚范围。〔2〕之所以存在这种现象，可能与“监督”“管理”的内涵和外延都很宽泛有关，很容易扩大主体的范围，因此在司法上难以具体认定。本案例评述认为，实质上的监督、管理义务必须是法律法规或者其他业务规则的要求。〔3〕在具体案件中认定行为人是否有监督、管理义务，应当综合行为人的法定职责及导致危害后果

〔1〕 例如，在2003年重庆开县井喷事故中，判决追究了钻井队长、技术负责人、抢险负责人等现场作业人员的刑事责任，而对于承包业务的川东钻探公司的党委副书记（公司安全生产的第一责任人）却只认定其领导责任，撤销其公司职务。

〔2〕 例如，在2009年发生的央视大火案中，不仅决定燃放烟花的央视新址办主任、具体实施超标燃放计划的烟花商、不予阻止的施工方负责人被追究刑事责任，连临时雇用的运输人员和存放烟花的仓库管理人也被处罚。

〔3〕 这里的法律法规不仅包括法律、行政法规，还包括司法解释、地方法规、部门规章等；业务规则一般是指在业务活动中一些行业规则明确要求或者是形成的行业习惯。对于机场管理机构而言，《民用航空法》《民用机场管理条例》以及其他业务规范应当成为监督、管理义务的来源。

发生的原因进行判断，把监督、管理义务限定于法定的义务。这样一方面可以保障监督、管理义务的合理性，另一方面也有利于法院在司法实践中判断监督、管理义务是否存在。

第四，机场管理机构在航空器剐碰行为中的责任认定。在机场管理机构将部分业务有偿转让给其他单位运营的情况下，剐碰行为的具体刑事责任认定就成了难题。本案例评述认为，依据前述的监督、管理过失的相关理论，似可以大致地划定刑事归责的范围。具体而言：

首先，剐碰行为发生在机场管理机构单独的业务范围内，与其他单位无涉。在这种情况下，除了造成事故的操作地面设备的员工（《生产安全刑事案件解释》所称的直接从事生产、作业的人员）负责以外，具体负责监督、管理该项业务活动的主管人员（《生产安全刑事案件解释》所称的对生产、作业负有组织、指挥或者管理职责的负责人、管理人员、实际控制人、投资人等人员），如果存在监督、管理过失，也可能作为直接责任人员负责。

其次，剐碰行为发生在机场管理机构与外包单位共同运营的业务范围内。在这种情况下，除了造成事故的操作地面设备的员工负责以外，机场管理机构与外包单位具体共同负责监督、管理该项业务活动的主管人员，如果存在监督、管理过失，也可能作为直接责任人员负责。

最后，剐碰行为发生在机场管理机构完全转让给外包单位单独运营的业务范围内。在这种情况下，除了造成事故的操作地面设备的员工负责以外，外包单位具体负责监督、管理该项业务活动的主管人员的责任按照上文所述的原则处理。但是，机场管理机构作为发包方，理应事先对外包单位是否具备相关的资质条件进行审查，[1]若未尽应尽的审查义务违规发包，将业务转让给无资质、不合格的外包单位的，具体的经办人应承担选任过失责任（管理过失的一种）。除此之外，即便外包单位在签订合同时具备相应的资质条件，但机场管理机构作为发包方仍然需要建立相应的机制对外包单位进行监督管理。这就意味着，剐碰行为即使发生在外包单位单独运营的业务范围内，机场管理机构具体负责对外包单位相应业务进行监督管理的主管人员仍然有可能负责。

在以上认定监督、管理过失的过程中，还有三点需要强调：

其一，监督、管理过失的成立以在生产、作业中，违反相关安全管理的规定为前提。具体而言，作为过失犯的一种，监督管理过失犯罪不具有类型化的实行行为。监督管理过失行为客观上表现为监管者疏于履行法定监管职责，违反了法律法规或企业规章制度的规定，是“当为而不为”，符合不作为犯的行为样态。[2]

其二，行为人仅有监督、管理过失，并不一定就会承担

〔1〕《民用机场管理条例》第38条似乎蕴含了这一义务：机场范围内的零售、餐饮、航空地面服务等经营性业务采取有偿转让经营权的方式经营的，机场管理机构应当按照国务院民用航空主管部门的规定与取得经营权的企业签订协议，明确服务标准、收费水平、安全规范和责任等事项。

〔2〕参见姚瑶：《船舶经营者监管失职涉罪行为归责问题研究》，载《法律适用》2018年第7期。

刑事责任。行为人的监督、管理过失必须与损害结果之间存在因果关系。如果行为人虽然存在监督、管理过失，但损害结果是因为别的原因造成的，行为人并不为此承担刑事责任。由于现代企业单位的组织机构异常复杂，监督者和管理者所处的地位和承担的职责多有差异，对责任事故的发生可能会出现“多因一果”的情况。因此，在具体认定刑事责任时，应当考虑各共同过失行为人的过失程度及其过失行为对损害结果的原因力的大小。原因力微弱的，不应当承担刑事责任；原因力较小但需要承担刑事责任的，也应当适当减轻刑事责任，以做到罚当其罪。

其三，机场管理机构的安全生产责任不因合同约定而转移或免除。安全生产责任是法律法规明确规定的法律责任，对于从事机场运营管理的相关单位都具有法律约束力，不能因为机场管理机构和外包单位之间的合同约定而转移或者免除，机场管理机构和外包单位不能在合同中约定安全生产责任的归属。〔1〕

（3）关于完善民用机场地面设备剐碰航空器行为的法律规制，化解法律风险的建议。

安全生产责任事故类业务过失犯罪刑事立法的精髓在于，既要使犯罪人付出应有的代价，又要尽量给予企业自我改善

---

〔1〕 在秦某、姚某、吴某重大责任事故案中，上海市浦东新区人民法院就采取了这样的立场。参见王潇：《建筑工程中重大责任事故罪的主体要件及犯罪行为认定》，载 http://shfy. chinacourt. gov. cn/article/detail/2016/05/id/1874835. shtml，最后访问日期：2020 年 9 月 6 日。

的机会，避免对企业发展造成破坏性打击，从而实现《刑法》规制的法律效果与社会效果的高度统一。[1]

鉴于在定罪量刑实践中，我国的司法解释发挥了极为重要的作用，故有人将最高法和最高检的司法解释视为“准法律”。这种司法解释的优点是具有统一性，但其不足是缺乏精准和区别对待，对一些高风险高价值的行业而言，不得不面临被拖带入刑的困境。因此，有必要通过调整《生产安全刑事案件解释》以完善民用机场地面设备剐碰航空器行为的法律规制。

根据以上分析，《生产安全刑事案件解释》在将直接经济损失数额规定为定罪量刑标准之一时，应当限定在有关行为具有危及不特定或者多数人的生命、身体安全的危险性，且只是客观上最终仅造成重大财产损失的范围内。如果有关行为虽造成重大财产损失，但根本不会危害到不特定或者多数人的生命、身体安全，则不宜以危害公共安全罪论处。

具体到民用机场地面设备剐碰航空器案件而言，尽管由于航空器价值昂贵，剐碰行为常常会造成巨大经济损失，但为此类剐碰行为的特点所决定——地面设备重量小、速度低，剐碰的对象是处于停场保障或者尚在地面运行期间的航空器，通常而言，不会产生危及不特定或者多数人的生命、身体安全的危险性，故不应以重大责任事故罪论处。

截至目前，国内都尚无对地面设备剐碰航空器事故责任

〔1〕参见张远煌：《刑事合规国际趋势与中国实践》，载《检察日报》2019年11月2日，第3版。

人进行刑事起诉的案例。分析其中原因，概是相关剐碰行为只造成了财产损失，而未危害或者威胁到不特定或者多数人的生命、身体安全；申言之，司法实践实际已对《生产安全刑事案件解释》第6条规定的“造成直接经济损失100万元以上的”、第7条规定的“造成直接经济损失500万元以上的”做了限制解释，即限制在同时危及不特定或者多数人生命、身体安全的情况下。

有必要进一步说明的是，民用机场地面设备剐碰航空器只造成财产损失的，并非完全不可能构成危害公共安全罪。如果有关剐碰行为具有危及不特定或者多数人生命、身体安全的危险性，例如，在航空器起降过程中，地面车辆驶入跑道，与航空器发生剐碰，则即便最终未造成人员伤亡，只造成财产损失，但由于该行为已严重威胁不特定或者多数人的生命、身体安全，也应以有关危害公共安全罪论处。

综上，建议对《生产安全刑事案件解释》第6、7条做如下修改完善：

方案一：建议在两条规定中均增设一款，作为第2款，规定：“造成的直接经济损失达到前款第2项规定的标准，但没有造成危及人身安全的后果或危险的，可以不按照犯罪处理或者免除处罚。”

这个方案的特点是，可以避免将业务过失犯罪的纯财产损失作为独立的入罪标准，将本罪的性质聚焦在危害公共安全上。其难点是要进一步解放思想，把过失造成财产损失的行为从刑法中排除出去，按照民事侵权处理。只保留既危害公共安全又过失造成财产损失的行为的刑事责任。

方案二：建议在第 6 条规定中增设一款，作为第 2 款，规定："具有前款第 2 项规定的情形，但不具有危及不特定或者多数人生命、身体安全现实危险，造成直接经济损失 300 万元以上的。"

这个方案提高了业务过失犯罪的财产损失数额起刑点，难点在于，很难确定适用于各个行业、所有具体情况的起刑点，即使确定某个标准，也难以从实践操作层面落实。因此，对于确定 300 万元这一数额的理由，需要做大量论证工作。

方案三：建议在两条规定中均增设一款，作为第 2 款，规定："在高科技、高价值设备集中运行的特定行业，安全责任事故没有危及不特定或者多数人生命、身体安全现实危险，只造成直接经济损失的，损失数额提高一个档次认定。"

这个方案体现了对机场、民航、重大装备使用与制造、高精尖科技行业的特殊对待。难点在于，单纯就机场或者航空公司这样的高科技、高价值设备集中运行的特定行业提高入罪门槛，容易引起争议，还需要进一步论证。司法解释也没有办法就某个行业单独列出标准，否则是对司法资源的浪费。

方案四：建议在《刑法》第 132 条铁路运营安全事故罪后增加一款设定航空运营安全事故罪，规定航空运营人员违反规章制度，致使发生航空运营安全事故，造成严重后果的，按照前款的规定处罚。

这个方案的优点在于，刑法中已经针对公路规定了交通肇事罪，针对铁路规定了铁路运营安全事故罪，现在针对航空业再规定航空运营安全事故罪，在罪名体系上是成立的。将来在司法解释中单独提高个罪的标准，也比较容易，阻力较小。

PART 5

五

机场的商业活动

[案例 1]

J 机场股份有限公司与 X 汽车租赁有限公司合同纠纷案

原　告：J 机场股份有限公司（甲方）

被　告：X汽车租赁有限公司（乙方）

案　由：合同纠纷

[案情概述]

J 机场股份有限公司（以下简称“J 机场公司”）与 X 汽车租赁有限公司（以下简称“X 公司”）签订《J 机场电动汽车充电站建设项目合作协议》(以下简称《合作协议》)，约定：乙方使用甲方南指廊停车场停车位 40 个，用于建造一个充电桩位电动汽车快速充电站。乙方独立建设充电桩位电动汽车快速充电站，且仅限于经营经甲方同意的新能源汽车充电服务和新能源汽车分时租赁业务。乙方按照投标报价时每个车位每年 15 000 元的标准缴纳机场特许经营费用。上述《合作协议》签订后，X 公司分别于 2017 年、2018 年向 J 机场公司转账支付特许经营费用 30 万元、30 万元、60 万元。2018 年 11 月 1 日之后的特许经营费用 X 公司未予支付。X

公司分别于2018年10月、11月向J机场公司发出《商洽函》《函》各一份，认为双方在履行过程中存在数个问题。2019年，J机场公司向X公司发出《解除〈合作协议〉的函》，认为X公司经多次催缴未支付机场特许经营费用也未按《合作协议》的约定实际进行充电站的建设，已构成根本违约，要求X公司支付欠缴的机场特许经营费233 424.66元。同年3月23日，X公司发出回函，认为J机场公司未按合同约定交付车位，该合同未实际履行，J机场公司要求X公司支付特许经营费的理由不能成立。

后，J机场公司向人民法院提起诉讼，请求判定：①X公司向J机场公司支付租金共计233 424.66元；②X公司向J机场公司支付违约金；③诉讼费由X公司承担。

X公司向一审法院提起反诉请求：①解除J机场公司与X公司签订的《合作协议》；②机场返还特许经营费60万元并支付违约金；③反诉费用由J机场公司承担。

[主要争议]

1. J机场公司与X公司签订的合同是否合法有效？

2. 双方签订的合同是否实际履行？X公司可否主张J机场公司返还特许经营费？

3. J机场公司、X公司均要求对方按照合同支付违约金的主张可否得到人民法院的支持？

[处理结果]

一审法院经审理后判决：①驳回原告J机场公司的诉讼请求；②驳回反诉原告X公司的反诉请求。X公司不服一审法院民事判决，提起上诉。

二审法院经审理后作出终审判决：驳回上诉，维持原判。

[裁判要旨]

1. J机场公司与X公司签订的合同是否合法有效？

本案二审判决于2020年作出。依照裁判时生效实施的法律法规，一审法院与二审法院均认为J机场公司与X公司签订的《合作协议》系双方当事人的真实意思表示，且不违反法律禁止性规定，合同合法有效，双方均应依照合同约定履行各自的义务。由于双方协议约定的费用系特许经营费用，而J机场公司要求X公司支付租金，没有合同依据，因此其诉讼请求未被人民法院支持。

2. 双方签订的合同是否实际履行？X公司可否主张J机场公司返还特许经营费？

合同的实际履行，是指合同的当事人应当按照合同约定标的履行义务，一般不允许用非约定的标的代替。在一审法院的审理过程中，X公司认可存在其租赁的专用停车场地。从X公司的付款及向J机场公司发函的内容能够看出，X公司已实际使用涉案场地，故一审法院认为，X公司要求机场公司返还特许经营费的诉讼请求，没有事实和法律依据，不予支持。

3. J 机场公司、X 公司均要求对方按照合同支付违约金的主张可否得到人民法院的支持?

J 机场公司向 X 公司交付的涉案场地并不符合双方合同约定，也不能保障 X 公司顺利进行充电桩建设。X 公司未按照合同约定支付 2018 年 11 月 1 日之后的特许经营费用。双方均存在违约行为，故人民法院未支持 J 机场公司、X 公司按照合同约定要求对方支付违约金的诉讼请求。

[相关法律法规]

1.《合同法》

第五十二条 有下列情形之一的，合同无效:

(一) 一方以欺诈、胁迫的手段订立合同，损害国家利益;

(二) 恶意串通，损害国家、集体或者第三人利益;

(三) 以合法形式掩盖非法目的;

(四) 损害社会公共利益;

(五) 违反法律、行政法规的强制性规定。

第六十条 当事人应当按照约定全面履行自己的义务。

当事人应当遵循诚实信用原则，根据合同的性质、目的和交易习惯履行通知、协助、保密等义务。

第一百零七条 当事人一方不履行合同义务或者履行合同义务不符合约定的，应当承担继续履行、采取补救措施或者赔偿损失等违约责任。

第一百一十三条 当事人一方不履行合同义务或者履行合

同义务不符合约定，给对方造成损失的，损失赔偿额应当相当于因违约所造成的损失，包括合同履行后可以获得的利益，但不得超过违反合同一方订立合同时预见到或者应当预见到的因违反合同可能造成的损失。

经营者对消费者提供商品或者服务有欺诈行为的，依照《中华人民共和国消费者权益保护法》的规定承担损害赔偿责任。

2.《民法典》（自 2021 年 1 月 1 日起施行）

第一百四十四条 无民事行为能力人实施的民事法律行为无效。

第一百四十六条 行为人与相对人以虚假的意思表示实施的民事法律行为无效。

以虚假的意思表示隐藏的民事法律行为的效力，依照有关法律规定处理。

第一百五十三条 违反法律、行政法规的强制性规定的民事法律行为无效。但是，该强制性规定不导致该民事法律行为无效的除外。

违背公序良俗的民事法律行为无效。

第一百五十四条 行为人与相对人恶意串通，损害他人合法权益的民事法律行为无效。

第一百五十五条 无效的或者被撤销的民事法律行为自始没有法律约束力。

第一百五十六条 民事法律行为部分无效，不影响其他部分效力的，其他部分仍然有效。

第一百五十七条 民事法律行为无效、被撤销或者确定不发生效力后，行为人因该行为取得的财产，应当予以返还；不能返还或者没有必要返还的，应当折价补偿。有过错的一方应当赔偿对方由此所受到的损失；各方都有过错的，应当各自承担相应的责任。法律另有规定的，依照其规定。

第五百零九条 当事人应当按照约定全面履行自己的义务。

当事人应当遵循诚信原则，根据合同的性质、目的和交易习惯履行通知、协助、保密等义务。

当事人在履行合同过程中，应当避免浪费资源、污染环境和破坏生态。

第五百七十七条 当事人一方不履行合同义务或者履行合同义务不符合约定的，应当承担继续履行、采取补救措施或者赔偿损失等违约责任。

第五百八十四条 当事人一方不履行合同义务或者履行合同义务不符合约定，造成对方损失的，损失赔偿额应当相当于因违约所造成的损失，包括合同履行后可以获得的利益；但是，不得超过违约一方订立合同时预见到或者应当预见到的因违约可能造成的损失。

[案例2]

W机场商贸有限公司与G市C贸易有限公司特许经营合同纠纷案

原　告：W机场商贸有限公司（甲方）

被　告：G市C贸易有限公司（乙方）

案　由：特许经营合同纠纷

[案情概述]

2014年W机场商贸有限公司（以下简称“机场商贸公司”）、G市C贸易有限公司（以下简称“C公司”）签订了《商业零售特许经营合同》。合同约定，机场商贸公司同意C公司经营W国际机场T2航站楼编号为××的经营场地，乙方按月向甲方缴纳特许经营费用，按照月保底特许经营费用与实际销售额提取二者取其高的方式缴纳。合同签订后，机场商贸公司依约将场地提供给C公司使用。自2015年3月起，C公司一直未能按合同约定支付相关费用。2015年7月8日，因店铺经营产生的费用远高于销售所得，店铺一直处于亏损状态，C公司申请T品牌店在合同期满前，提前于2015年7月30日前撤柜。机场商贸公司未认可后，2015年7月28日，C公司再次发函，确认将于2015年7月30日撤柜撤货。该函通过顺丰快递，2015年8月3日已由机场商贸公司收取。2015年8月10日，C公司自行闭店停止经营。机场商贸公司认为C公司单方面解除合同的行为违约，经协商未果后，机场商贸公司诉至人民法院，请求判令C公司向机场商贸公司支付拖欠合同费用275 668.56元及迟延支付利息，并赔偿场地占用费损失。

C公司一方认为机场商贸公司并未获得相应的授权，且未按商业特许经营管理的相关规定，向C公司提供相应的业务指导及培训业务，因此无权主张特许经营费，据此C公司提起反诉，请求判令解除双方签订的《商业零售特许经营合同》，机场商贸公司向C公司支付损失费324 970元。

[主要争议]

1. 机场商贸公司是否有权与商户签订《商业零售特许经营合同》?

2. 合同解除时间应如何确定?

3. 各方是否存在违约行为?

[处理结果]

一审法院经审理后作出判决：①C公司赔偿机场商贸公司损失费212 309.73元；②驳回机场商贸公司其他诉讼请求；③驳回C公司反诉诉讼请求。

[裁判要旨]

1. 机场商贸公司是否有权与商户签订《商业零售特许经营合同》？

经法院查明，W 国际机场 T2 航站楼商业零售资源系 H 机场集团授权机场商贸公司经营，机场商贸公司获得相应授权，在特许范围内与商户签订《商业零售特许经营合同》，该事实 H 机场集团已予以确认。因此，机场商贸公司有权与商户签订《商业零售特许经营合同》。

2. 合同解除时间应如何确定？

合同履行过程中，机场商贸公司依约提供经营场地。2015 年 7 月 8 日，C 公司因经营不善，申请提前于 2015 年 7 月 30 日前撤柜。机场商贸公司未认可后，2015 年 7 月 28 日，C 公司再次发函，确认将于 2015 年 7 月 30 日撤柜撤货。该函通过顺丰快递，2015 年 8 月 3 日已由机场商贸公司收取。C 公司单方面解除合同并自行闭店，其行为已构成根本性违约。根据《合同法》第 96 条第 1 款的规定："当事人一方依照本法第 93 条第 2 款、第 94 条的规定主张解除合同的，应当通知对方。合同自通知到达对方时解除。"据此，自解除合同的函送达机场商贸公司时，即 2015 年 8 月 3 日，双方签订的《商业零售特许经营合同》已经解除。《民法典》生效后，合同解除时间将依照第 565 条判定，即"当事人一方依法主张解除合同的，应当通知对方。合同自通知到达对方时解除；通知载明债务人在一定期限内不履行债务则合同自动解除，债务人在该期限内未履行债务的，合同自通知载明的期限届满时解除。对方对解除合同有异议的，任何一方当事人均可以请求人民法院或者仲裁机构确认解除行为的效力。当事人一方未通知对方，直接以提起诉讼或者申请仲裁的方式依法主张解除合同，人民法院或者仲裁机构确认该主张的，合同自起诉状副本或者仲裁申请书副本送达对方时解除。”

3. 各方是否存在违约行为？

H 机场集团将其享有的 W 国际机场 T2 航站楼商业零售资源授权机场商贸公司经营后，机场商贸公司与 C 公司签订了《商业零售特许经营合同》，该合同双方意思表示真实，未违反法律、行政法规的禁止性规定，为合法有效协议，双方应该依照合同约定履行各自义务。

《商业特许经营管理条例》第 8 条第 1 款规定：“特许人应当自首次订立特许经营合同之日起 15 日内，依照本条例规定向商务主管部门备案。”第 14 条规定：“特许人应当向被特许人提供特许经营操作手册，并按照约定的内容和方式为被特许人持续提供经营指导、技术支持、业务培训等服务。”由于该规定并不属于行政法规的禁止性规定范畴，所以不会导致合同无效的法律后果。在双方的《商业零售特许经营合同》中，当事人对此没有明确约定的情况下，C 公司不能以此认定机场商贸公司违约，并主张先履行抗辩权，从而拒付特许经营费。

合同履行过程中，机场商贸公司按约定提供了 T2 航站楼商业零售经营场地。C 公司在合同经营期限届满前，因经营不善，于2015年7月8日申请解除合同未果后，于2015年7月28日发函，确认于2015年7月30日撤柜撤货，明确其解除合同的意愿，2015年8月10日，C公司即自行闭店，其行为属于对合同主要义务的违反，构成根本性违约，应承担相应的违约责任。

机场商贸公司的主要损失为C公司实际经营期间的特许经营费及其他开支，以及合同解除以后经营场地占用费损失。合同解除后，直至2016年1月18日，C公司才退出经营场地。C公司的过错在于单方面解除合同，其违约行为造成损失发生；但就解除合同而言，C公司已提前履行了通知义务，机场商贸公司如有异议的，则应就解除合同的效力请求人民法院或仲裁机构确认。机场商贸公司未依法主张权利，对合同解除后损失的产生存在一定的责任。另外，机场属于特殊管制区域，C公司在提前通知撤柜后，机场商贸公司未及时协助办理进出的必要证件，使C公司不能尽快退场，客观上也造成了经营场地占用费损失的扩大。也就是说，在经营场地占用费损失上双方均存在过错。鉴于此，人民法院酌情认定机场商贸公司与C公司各承担经营场地占用费损失50%的责任。

[相关法律法规]

1.《合同法》

第八条 依法成立的合同，对当事人具有法律约束力。当事人应当按照约定履行自己的义务，不得擅自变更或者解除合同。

依法成立的合同，受法律保护。

第九十六条 当事人一方依照本法第九十三条第二款、第九十四条的规定主张解除合同的，应当通知对方。合同自通知到达对方时解除。对方有异议的，可以请求人民法院或者仲裁机构确认解除合同的效力。

法律、行政法规规定解除合同应当办理批准、登记等手续的，依照其规定。

第九十七条 合同解除后，尚未履行的，终止履行；已经履行的，根据履行情况和合同性质，当事人可以要求恢复原状、采取其他补救措施，并有权要求赔偿损失。

第九十八条 合同的权利义务终止，不影响合同中结算和清理条款的效力。

2.《民法典》（自2021年1月1日起施行）

第五百六十五条 当事人一方依法主张解除合同的，应当通知对方。合同自通知到达对方时解除；通知载明债务人在一定期限内不履行债务则合同自动解除，债务人在该期限内未履行债务的，合同自通知载明的期限届满时解除。对方对解除合同有异议的，任何一方当事人均可以请求人民法院或者仲裁机构确认解除行为的效力。

当事人一方未通知对方，直接以提起诉讼或者申请仲裁的方式依法主张解除合同，人民法院或者仲裁机构确认该主张的，合同自起诉状副本或者仲裁申请书副本送达对方时解除。

第五百六十六条 合同解除后，尚未履行的，终止履行；

已经履行的，根据履行情况和合同性质，当事人可以请求恢复原状或者采取其他补救措施，并有权请求赔偿损失。

合同因违约解除的，解除权人可以请求违约方承担违约责任，但是当事人另有约定的除外。

主合同解除后，担保人对债务人应当承担的民事责任仍应当承担担保责任，但是担保合同另有约定的除外。

第五百六十七条 合同的权利义务关系终止，不影响合同中结算和清理条款的效力。

[案例 3]

F 管理有限公司与 X 国际航空港股份有限公司候机楼管理分公司房屋租赁合同纠纷案

原　告：F 管理有限公司（乙方）

被　告：X 国际航空港股份有限公司候机楼管理分公司（甲方）

案　由：房屋租赁合同纠纷

[案情概述]

2014 年 8 月 7 日，X 国际航空港股份有限公司候机楼管理分公司（以下简称“X 候机楼公司”）在取得 X 机场候机楼投资有限公司的授权后，与 F 管理有限公司（以下简称“F 管理公司”）签署《F 管理公司餐饮集成租赁合同》，约定甲方将位于 X 国际机场 TX 候机楼内到达层公共区域西侧 TX-1-2 地块、出发层公共区域西侧 TX-2-1 地块、隔离区上夹层东侧 TX-4-3 地块出租给乙方使用。

同日，X 候机楼公司与 F 管理公司签署《F 管理公司餐饮集成特许经营合同》，约定甲方拥有在 X 国际机场 TX 候机楼经营本合同所示特许经营项目的专有权，甲方授予乙方本合同所示特许经营项目的特许经营权；甲方许可乙方可以在场地经营商业或服务项目。

合同签订后，F 管理公司向 X 候机楼公司支付了履约保证金100万元，X候机楼公司向F管理公司交付了租赁合同项下的TX候机楼内到达层公共区域西侧TX-1-2地块及出发层公共区域西侧TX-2-1地块，隔离区上夹层东侧TX-4-3（面积550平方米）未同步交付。

2016年5月4日，X候机楼公司向F管理公司发出《关于X机场TX航站楼餐饮集成标段一TX-4-3地块终止函》，告知F管理公司终止双方原就隔离区上夹层东侧TX-4-3地块所形成的租赁及特许经营合同关系。F管理公司不同意终止TX-4-3地块的租赁及特许经营合同，向人民法院提起诉讼，请求X候机楼公司解决TX-4-3地块的消防验收问题并交付给F管理公司使用，同时请求X候机楼公司支付违约金2 023 472元。人民法院经审理后作出判决，认定TX-4-3地块于2016年5月3日消防验收合格，交付条件已经具备，判决X候机楼公司向F管理公司交付地块并支付违约金811 800元。

X候机楼公司于2017年5月8日向F管理公司发出一份《关于X机场TX-4-3地块交付通知》，通知X候机楼公司将于2017年5月10日向F管理公司交付TX-4-3地块，F管理公司派员携授权文件办理交接手续。2017年5月10日，F管理公司授权代表就TX-4-3地块交付事宜向X候机楼公司签署一份文件，确认收到60平方米厨房用地，并备注另490平方米的场地需经消防报验符合商业用地后再接收。2017年5月16日，F管理公司向X候机楼公司支付92 160元作为TX-4-3地块合同保证金。

X候机楼公司按该生效判决确定的数额履行了金钱给付

义务。后F管理公司向消防部门递交消防设计申请，然而消防部门告知该场地不符合规划和消防设计，消防设计方案占用了共同疏散通道，X候机楼公司租赁给F管理公司用作餐饮用途的TX-4-3的550平方米场地仍然只有60平方米可以作为营业用房，其他仍为公共疏散通道，不能用于商业目的。

2017年8月15日，X候机楼公司通过邮寄方式向F管理公司发出一份《催款函》，载明：截至发函之日，F管理公司尚欠X候机楼公司租金、特许经营费、综合管理费、违约金等费用合计2 599 907.51元，尚欠合同项下的履约保证金844 352元。2017年9月27日，X候机楼公司通过邮寄方式向F管理公司发出一份《关于催促F管理公司提交审计报告的函》，要求F管理公司于2017年9月30日前提交会计师事务所出具的合同项下的2015年度、2016年度营业额专项审计报告。2017年10月1日，X候机楼公司又通过邮寄方式向F管理公司发出一份《催款函》，载明：截至发函之日，F管理公司尚欠X候机楼公司租金、特许经营费、综合管理费、违约金等费用合计3 798 800.23元，尚欠合同项下的履约保证金844 352元。

F管理公司认为双方租赁合同和特许经营合同项下的场地存在严重的将共同疏散通道或消防通道作为商业面积出租收取高额租金的情形，X候机楼公司未交付适租的场地，合同目的无法实现，为此F管理公司与X候机楼公司进行多次交涉，但未达成合意，遂向人民法院提起诉讼，请求：①撤销《TX航站楼餐饮集成标段租赁合同》《TX航站楼餐饮集成标段特许经营合同》的到达层公共区域西侧 TX-1-2、出发层公共区域西侧 TX-2-1 部分以及解除该两份合同 TX-4-3 部分；②X 候机楼公司退回 F 管理公司全部保证金 1 254 972 元及利息；③X 候机楼公司向 F 管理公司支付违约金 2 255 957.65 元；④X 候机楼公司赔偿 F 管理公司经济损失 50 万元；⑤确认 X 候机楼公司实际出租给 F 管理公司的 TX-2-1 地块合法计租和计费面积减低为 553.2 平方米且 X 候机楼公司自 2017 年 6 月份起无权要求 F 管理公司对公共消防通道面积收取租金；⑥X 候机楼公司立即退还多收取 F 管理公司的租金、管理费等费用共计 4 400 175.55 元及利息。

X 候机楼公司认为，双方租赁经营合同签订后，X 候机楼公司依约交付了 TX-1-2 地块、TX-2-1 地块、TX-4-3 地块，然而，F 管理公司在合同履行过程中，持续存在各种违约行为，遂 X 候机楼公司向同一人民法院提出反诉诉讼请求：①F 管理公司立即支付《F 管理公司餐饮集成租赁合同》及《F 管理公司餐饮集成特许经营合同》项下履约保证金 844 352 元；②F 管理公司立即支付自 2017 年 5 月起欠缴的租金、综合管理费、特许经营权费，暂计算至 2018 年 4 月 30 日共计 12 273 028.25 元；③F 管理公司立即支付自 2016 年 7 月 16 日起直至应付未付的租金、综合管理费、特许经营费付清之日止产生的逾期付款违约金（以各期应付未付金额为基数，按每日 0.1%的标准）；④F 管理公司立即提供由会计师事务所出具的 TX-1-2 地块及 TX-2-1 地块 2015 公历年、2016 公历年、2017 公历年营业额专项审计报告，并支付违约金20 000元；⑤F管理公司立即支付2017年8月29日、2017年9月1日违约通知单项下的违约金12 000元；⑥本案诉讼费用由F管理公司全部承担。

[主要争议]

1. F管理公司是否有权撤销租赁合同、特许经营合同中TX-2-1、TX-1-2部分？

2. F管理公司是否有权解除租赁合同、特许经营合同中TX-4-3部分？

3. F管理公司是否应向X候机楼公司支付履约保证金、租金、特许经营费、综合管理费等费用？

4. F管理公司是否应承担支付违约金的责任？

[处理结果]

一审法院经审理后判决：①F管理公司向X候机楼公司支付履约保证金844 352元；②F管理公司向X候机楼公司支付租金、综合管理费、特许经营权费合计12 273 028.25元；③F管理公司向X候机楼公司支付逾期支付租金、综合管理费、特许经营权费等租赁费用的相应违约金；④F管理公司向X候机楼公司提交会计师事务所出具的TX-1-2、TX-2-1地块2015年、2016年营业额专项审计报告并支付逾期提交上述报告的违约金1000元；⑤F管理公司向X候机楼公司支付违约通知单项下的违约金12 000元；⑥F管理公司向X候机楼公司支付保全申请费4503元；⑦驳回F管理公司的诉讼请求；⑧驳回X候机楼公司的其他反诉诉讼请求。

[裁判要旨]

1. F管理公司是否有权撤销租赁合同、特许经营合同中TX-2-1、TX-1-2部分？

F管理公司与X候机楼公司签署的《F管理公司餐饮集成租赁合同》及《F管理公司餐饮集成特许经营合同》系双方当事人的真实意思表示，不违反相关法律、行政法规的禁止性规定，应认定合法有效。《F管理公司餐饮集成特许经营合同》中关于特许经营费的约定系双方当事人之间的约定，没有违反法律强制性规定，且当事人之间长期依照该约定履行，应当认定合法有效，F管理公司应依约支付特许经营费。

F管理公司在2015年与X候机楼公司履行合同中支付租金、制作营业报表过程中，TX-1-2地块按照22平方米的标准收取租金，TX-2-1地块按照740平方米的标准收取租金，表明双方已经就上述两款的计租面积达成了一致。房屋租赁合同当事人可以约定公摊部分或其他公共部分作为计租面积，该类约定并未违反法律的强制性规定。因此F管理公司与X候机楼公司签订合同时不存在重大误解的情况，且F管理公司在长期使用租赁物的过程中应当知道其实际使用的面积与合同约定的计租面积并不一致。具有撤销权的当事人自知道或者应当知道撤销事由之日起一年内没有行使撤销权，撤销权消灭。F管理公司于2017年9月19日向本院起诉主张撤销租赁合同、特许经营合同中TX-2-1、TX-1-2地块部分，已经超过了法律规定的行使撤销权的期限。因此 F 管理公司以重大误解为由主张撤销租赁合同、特许经营合同中 TX-2-1、TX-1-2 地块部分没有相应的事实与法律依据。

2. F 管理公司是否有权解除租赁合同、特许经营合同中 TX-4-3 部分？

F 管理公司认为 TX-4-3 地块只有 60 平方米的商业面积，合同目的无法实现。但经人民法院判决已认定 TX-4-3 地块于 2016 年 5 月 3 日消防验收合格，交付条件已经具备，F 管理公司认为 60 平方米以外的地块不能作为商业用途，但未提交相应的证据加以证实。X 候机楼公司交付的地块符合招标文件当中载明的地块，已经符合交付条件，F 管理公司拒绝接收不符合双方合同约定。F 管理公司已经接收 60 平方米的部分，合同目的已经得到部分实现，F 管理公司不能以合同目的无法实现为由解除合同。

3. F 管理公司是否应支付给 X 候机楼公司履约保证金、租金、特许经营费、综合管理费等费用？

鉴于 F 管理公司无权撤销租赁合同、特许经营合同中 TX-1-2、TX-2-1 的部分，也无权解除其中 TX-4-3 部分，F 管理公司应根据合同约定向 X 候机楼公司支付租赁合同、特许经营合同中的履约保证金 1 936 512 元，F 管理公司未证明其支付保证金的情况，现 X 候机楼公司主张 F 管理公司支付未付履约保证金 844 352 元，是符合双方合同约定的，人民法院予以了支持。F 管理公司未举证证明其支付租金的情况，现 X 候机楼公司主张 F 管理公司支付 2017 年 6 月份至

2017年10月份尚欠的租金、特许经营费、综合管理费等租赁费用，符合双方约定，人民法院也予以了支持。

4. F管理公司是否应承担支付违约金的责任?

F管理公司未依约支付房屋租赁期间的租金、特许经营费、综合管理费，应按照合同约定支付相应的违约金。根据双方合同约定，F管理公司应按照每日千分之一的标准支付违约金。经人民法院审查，X候机楼公司未举证证明F管理公司未按时支付租金给其造成的损失，X候机楼公司的损失仅为资金占用损失，双方约定的违约金标准明显过高，因此，人民法院依法将X候机楼公司主张的日千分之一的违约金标准调准到以未付租赁费用为基数自逾期支付之日起按年24%的标准计算。

F管理公司未依约向X候机楼公司提交年度营业额审计报告，按照特许经营合同应支付1000元~20 000元的违约金，因X候机楼公司未提供证据证明F管理公司上述违约行为给其造成的损失，人民法院以合同约定的最低标准计算为1000元，同时F管理公司应根据合同约定向X候机楼公司提交2015年度、2016年度TX-1-2、TX-2-1两地块会计师事务所出具的年度营业额专项审计报告。

2017年8月29日、2017年9月1日X候机楼公司向F管理公司发出违约通知单后，F管理公司回函表示同意整改，且并未对通知单中的违约金数额提出异议，违约金的数额亦在双方合同约定的1000元~20 000元范围之内，故X候机楼公司主张F管理公司支付违约金12 000元，具有相应的合同依据，人民法院给予了支持。

[相关法律法规]

1. 《合同法》

第八条 依法成立的合同，对当事人具有法律约束力。当事人应当按照约定履行自己的义务，不得擅自变更或者解除合同。

依法成立的合同，受法律保护。

第六十条 当事人应当按照约定全面履行自己的义务。

当事人应当遵循诚实信用原则，根据合同的性质、目的和交易习惯履行通知、协助、保密等义务。

第一百零七条 当事人一方不履行合同义务或者履行合同义务不符合约定的，应当承担继续履行、采取补救措施或者赔偿损失等违约责任。

第一百一十四条 当事人可以约定一方违约时应当根据违约情况向对方支付一定数额的违约金，也可以约定因违约产生的损失赔偿额的计算方法。

约定的违约金低于造成的损失的，当事人可以请求人民法院或者仲裁机构予以增加；约定的违约金过分高于造成的损失的，当事人可以请求人民法院或者仲裁机构予以适当减少。

当事人就迟延履行约定违约金的，违约方支付违约金后，还应当履行债务。

第二百一十二条 租赁合同是出租人将租赁物交付承租人使用、收益，承租人支付租金的合同。

第二百一十六条 出租人应当按照约定将租赁物交付承租人，并在租赁期间保持租赁物符合约定的用途。

2.《民法典》（自 2021 年 1 月 1 日起施行）

第四百六十五条 依法成立的合同，受法律保护。

依法成立的合同，仅对当事人具有法律约束力，但是法律另有规定的除外。

第五百零九条第一、二款 当事人应当按照约定全面履行自己的义务。

当事人应当遵循诚信原则，根据合同的性质、目的和交易习惯履行通知、协助、保密等义务。

第五百七十七条 当事人一方不履行合同义务或者履行合同义务不符合约定的，应当承担继续履行、采取补救措施或者赔偿损失等违约责任。

第五百八十五条 当事人可以约定一方违约时应当根据违约情况向对方支付一定数额的违约金，也可以约定因违约产生的损失赔偿额的计算方法。

约定的违约金低于造成的损失的，人民法院或者仲裁机构可以根据当事人的请求予以增加；约定的违约金过分高于造成的损失的，人民法院或者仲裁机构可以根据当事人的请求予以适当减少。

当事人就迟延履行约定违约金的，违约方支付违约金后，还应当履行债务。

第七百零三条 租赁合同是出租人将租赁物交付承租人使用、收益，承租人支付租金的合同。

第七百零八条 出租人应当按照约定将租赁物交付承租人，并在租赁期限内保持租赁物符合约定的用途。

3.《民事诉讼法》（2017年修正）

第六十四条 当事人对自己提出的主张，有责任提供证据。

当事人及其诉讼代理人因客观原因不能自行收集的证据，或者人民法院认为审理案件需要的证据，人民法院应当调查收集。

人民法院应当按照法定程序，全面地、客观地审查核实证据。

[案例4]

J机场有限责任公司与Y广告有限公司租赁合同纠纷案

原　告：J机场有限责任公司

被　告：Y广告有限公司

案　由：租赁合同纠纷

[案情概述]

J机场有限责任公司（以下简称“J机场公司”）于2007年12月将J机场新、老候机楼内广告位承包经营项目对外公开招标，Y广告有限公司（以下简称“Y公司”）参与竞标并中标，取得机场新、老候机楼内广告业务的独家经营权。招标文件要求投标人应派代表进行现场踏勘。2008年2月3日，J机场公司与Y公司签订《租赁合同》，约定J机场公司将机场新、老候机楼内广告媒体位交由Y公司独家经营，但候机楼内广告媒体位须双方共同认定。如Y公司逾期未支付租金，每日按应付租金的万分之五给付滞纳金，如连续逾期3个月或累计逾期6个月未付租金，按违约处理。如一方违约需按照合同标的总金额的20%向对方承担违约金，守约方有权要求终止合同。

签订《租赁合同》后，J机场公司将正在运行使用的新候机楼提供给Y公司进行广告运营。Y公司按照合同约定足额支付了2008年5月1日至2011年4月30日期间的广告位租金2 301 400元。

新候机楼面积大于老候机楼，新候机楼旅客吞吐量大于老候机楼。J机场新候机楼于2007年投入运营使用，使用新候机楼的同时关闭了老候机楼。此后直至2011年12月老候机楼一直处于关闭状态。2011年12月到2012年3月期间J机场公司开放老候机楼关闭新候机楼。在轮换候机楼之前J机场公司向Y公司进行了告知，并明确告知Y公司在新候机楼关闭期间，J机场公司提供老候机楼广告位给Y公司从事广告经营。截至2012年5月1日，Y公司欠付的租金高达2 428 600元，构成了足以解除合同的根本违约。J机场公司起诉至人民法院，请求判令：①Y公司支付租金2 428 600元，滞纳金343 855元，违约金1 792 000元；②解除J机场公司与Y公司签订的《租赁合同》。

Y公司诉称，履行合同期间，J机场公司实际仅提供新候机楼部分区域，老候机楼至今关闭，而且J机场公司未经Y公司同意，擅自将Y公司拥有独家经营权的新候机楼部分区域出租给第三方设置VIP贵宾室和广告位。2011年12月至2012年3月，J机场公司单方面关闭新候机楼4个月，且J机场旅客年吞吐量也远未达到J机场公司承诺的标准，严重影响了Y公司的广告销售计划和预期收益。Y公司提出反诉请求，请法院判令：①J机场公司退还超额支付的租金820 700元及资金占用费用410 700元；②J机场公司向Y公司支付违约金1 792 000元；③判令J机场公司继续履行与Y

公司签订的《租赁合同》。

[主要争议]

1. J 机场公司未同时将新、老候机楼的广告位交付给 Y 公司是否构成违约？

2. J 机场公司许可第三方在新候机楼内设置 VIP 贵宾室的行为是否构成违约？

3. J 机场旅客吞吐量未达到招标文件中的相关预计值是否构成违约？

[处理结果]

一审法院经审理后认为 J 机场公司已履行合同约定的全部义务，并不存在违约情形，对 Y 公司要求 J 机场公司退还租金、支付利息及违约金的诉讼请求不予支持。鉴于 J 机场公司同意降低违约金，一审法院综合考虑 Y 公司履约情况、违约程度确定违约金为未支付租金金额的 30%。一审法院判决：①解除 J 机场公司与 Y 公司于 2008 年 2 月 3 日签订的《租赁合同》；②Y 公司支付 J 机场公司广告位租金 1 045 000 元；③Y 公司支付 J 机场公司违约金 313 500 元；④驳回 J 机场公司的其他诉讼请求；⑤驳回 Y 公司的诉讼请求。

[裁判要旨]

1. J 机场公司未同时将新、老候机楼的广告位交付给 Y 公司是否构成违约？

双方当事人签订的《租赁合同》文本并未明确约定新、老候机楼的广告位应当同时交付，也未约定 J 机场公司应当同时将新、老候机楼对旅客开放。

首先，J 机场地处高原，位于著名风景区，主要为前往风景区旅游的游客提供服务。游客人数受季节影响明显，旅游旺季游客人数明显多于旅游淡季，J 机场公司采用在旅游旺季开放游客吞吐量较大的新候机楼，淡季开放游客吞吐量较小的老候机楼的运行方式符合该机场特点。

其次，Y 公司租赁机场候机楼广告位的目的是用于广告经营。广告的特性在于宣传，广告内容必须传达到人，即让受众听到看到才可能产生相应的宣传效用。不论机场是开放新候机楼还是老候机楼，所有旅客都必须从开放的候机楼通道出入，Y 公司发布的广告都能传播到受众，同样能够达到 Y 公司发布广告的经营目的和宣传目的。

最后，J 机场公司于 2007 年发布招标文件，发布文件之时机场仅有新候机楼投入运营使用。招标文件要求投标人应进行现场踏勘，Y 公司作为投标人应当已经明确知晓 J 机场公司在此前仅有新候机楼投入运营使用这一事实。Y 公司在明知该事实的情况下依然与 J 机场公司签订了《租赁合同》，且在合同履行的前三年，在老候机楼一直处于关闭状态下，足额支付了广告位租金。也就是说，J 机场公司与 Y 公司对不同时开放新、老候机楼的事实已经形成了默契。J 机场公司不同时将新、老候机楼的广告位交付给 Y 公司的行为不构成违约。

另外，J 机场公司在 2011 年 12 月关闭新候机楼开放老候机楼之前已经向 Y 公司进行了告知，并向 Y 公司提供了老候机楼广告位从事广告经营，其关闭新候机楼开放老候机楼的行为亦不构成违约。

2. J 机场公司许可第三方在新候机楼内设置 VIP 贵宾室的行为是否构成违约？

J 机场公司于 2007 年与 S 宾馆等其他单位签订合同，将 J 机场新候机楼部分场地分别租赁给以上三家单位设置 VIP 贵宾室。鉴于 J 机场公司与第三方签订合同设置 VIP 贵宾室的时间早于与 Y 公司签订合同的时间，招标文件中亦要求投标人现场踏勘，故 Y 公司在签订合同时就应当知道新机场已经设置 VIP 贵宾室的情况，在履约的前三年 Y 公司亦未提出异议，且 J 机场公司与 Y 公司签订的《租赁合同》约定候机楼内广告媒体位须双方共同认定，VIP 贵宾室作为广告媒体位未得到双方共同认定，故此 J 机场公司将 J 机场新候机楼部分场地租赁给第三方设置 VIP 贵宾室的行为并未侵犯 Y 公司的独家广告经营权，不构成违约。

3. J 机场旅客吞吐量未达到招标文件中的相关预计值是否构成违约？

双方当事人签订的《租赁合同》并未约定旅客吞吐量，虽 J 机场公司发布的招标文件中有旅客吞吐量相关的预计值，但该预计值仅仅是招标文件中的情况介绍，不能作为双方合同约定，故J机场公司不构成违约。

[相关法律法规]

1.《合同法》

第六十条 当事人应当按照约定全面履行自己的义务。

当事人应当遵循诚实信用原则，根据合同的性质、目的和交易习惯履行通知、协助、保密等义务。

第一百零九条 当事人一方未支付价款或者报酬的，对方可以要求其支付价款或者报酬。

第一百一十四条 当事人可以约定一方违约时应当根据违约情况向对方支付一定数额的违约金，也可以约定因违约产生的损失赔偿额的计算方法。

约定的违约金低于造成的损失的，当事人可以请求人民法院或者仲裁机构予以增加；约定的违约金过分高于造成的损失的，当事人可以请求人民法院或者仲裁机构予以适当减少。

当事人就迟延履行约定违约金的，违约方支付违约金后，还应当履行债务。

2.《民法典》(自2021年1月1日起施行)

第七条 民事主体从事民事活动，应当遵循诚信原则，秉持诚实，恪守承诺。

第五百七十九条 当事人一方未支付价款、报酬、租金、利息，或者不履行其他金钱债务的，对方可以请求其支付。

第五百八十五条 当事人可以约定一方违约时应当根据违

约情况向对方支付一定数额的违约金，也可以约定因违约产生的损失赔偿额的计算方法。

约定的违约金低于造成的损失的，人民法院或者仲裁机构可以根据当事人的请求予以增加；约定的违约金过分高于造成的损失的，人民法院或者仲裁机构可以根据当事人的请求予以适当减少。

当事人就迟延履行约定违约金的，违约方支付违约金后，还应当履行债务。

[案例5]

J省民航机场集团Y机场公司与M某保管合同纠纷案

原　告：J省民航机场集团Y机场公司

被　告：M某

案　由：保管合同纠纷

[案情概述]

2016年2月14日，案外人L某驾驶M某名下的×××号大众帕萨特牌轿车进入Y机场停车场。当日18时54分左右，L某及同车人员发现车辆自燃，并向其他车辆借用车载灭火器进行灭火，但未能控制火势，后到Y机场候机大厅借用灭火器，仍未能灭火。当日19时02分，Y机场派出两辆消防车赶到现场将火扑灭。人民法院依据M某的申请委托Y市价格认证中心对车牌号为×××号大众帕萨特牌汽车的损失进行了鉴定，鉴定结论为价格鉴定标的在价格鉴定基准日的价格为人民币20 000元（人民币贰万元整）。Y市价格认证中心出具价格认定不予受理通知书，对车辆残值部分价格的鉴定，不予受理。J省民航机场集团Y机场公司（以下简称“Y机场公司”）向人民法院起诉，请求解除Y机场公司与M某之间的保管合同，M某立即取走停放在Y机场停车场的×××号车辆，并支付保管费4740元。审理中，Y机场公司向一审人民法院申请撤回诉讼请求，法院裁定准许。M某在一审期间提起反诉，请求判令Y机场公司赔偿损失20 000元。

[主要争议]

M某是否有权要求Y机场公司赔偿其损失？

[处理结果]

一审法院经审理认为Y机场公司应承担10%的责任，即应赔偿M某损失2000元；损毁车辆×××号大众帕萨特牌轿车归M某所有；驳回M某的其他诉讼请求。M某不服一审判决，提起上诉。

二审法院认为M某提供的证据不足以证明因Y机场公司保管不当而导致涉案车辆自燃的事实，一审法院认定事实清楚，适用法律正确，遂作出终审判决：驳回上诉，维持原判。

[裁判要旨]

M某是否有权要求Y机场公司赔偿其损失？

涉案车辆在收费亭领取了停车卡并驶入Y机场停车场，双方之间形成了保管合同关系，Y机场公司应对车辆进行妥善保管。Y机场公司的停车场作为收费停车场，应配备人员对停车场内车辆保管情况进行巡视，且车辆发生自燃后，Y机场公司应积极协助灭火，而不应由驾驶员申请后再予以协助。本案中，Y机场公司既未配备巡视人员，而收费亭虽配备有灭火器，但在发现车辆自燃后，并未将灭火器提供给驾驶员，Y 机场公司对此存在过错，依据当时生效实施的法律，即《合同法》第 374 条：“保管期间，因保管人保管不善造成保管物毁损、灭失的，保管人应当承担损害赔偿责任……” Y 机场公司应承担 10%的责任，即应赔偿 M 某损失 2000 元。

[相关法律法规]

1.《合同法》

第三百七十四条 保管期间，因保管人保管不善造成保管物毁损、灭失的，保管人应当承担损害赔偿责任，但保管是无偿的，保管人证明自己没有重大过失的，不承担损害赔偿责任。

2.《民法典》（自 2021 年 1 月 1 日起施行）

第八百九十七条 保管期内，因保管人保管不善造成保管物毁损、灭失的，保管人应当承担赔偿责任。但是，无偿保管人证明自己没有故意或者重大过失的，不承担赔偿责任。

[案例6]

C机场集团有限公司与D航空包装有限责任公司合同纠纷案

原　告：C机场集团有限公司（甲方）

被　告：D航空包装有限责任公司（乙方）

案　由：合同纠纷

[案情概述]

2013年1月1日，C机场集团有限公司（以下简称“C机场公司”）与D航空包装有限责任公司（以下简称“D公司”）签订了《C机场航站楼旅客行李打包服务承包协议》，约定：甲方将C国际机场航站楼旅客行李打包业务承包给乙方经营，乙方按照约定向甲方支付承包费；经营地点为C国际机场航站楼；承包期限为2年。乙方两年总承包费为2700万元，乙方第一年交纳的承包费为1300万元，第二年承包费为1400万元。承包费按月交纳。甲方有权按照国家法律规定、行业规范及C机场相关管理规定，对乙方经营活动进行监督、检查和指导；行李打包收费实行政府指导价，乙方须严格按照市物价局文件核定收费标准收费，不得额外收取费用，并主动向旅客提供正规发票，发票由乙方自备，收费标准应在打包点明显位置进行公示。如乙方未按约定时间交纳承包费用，每延期1天，甲方可按当月承包费的千分之三收取滞纳金，延期交纳时间超过 15 天（或者一个合同年度内累计 3 次延期交纳时间超过 7 天或连续 2 次延期交纳时间超过 7 天）的，甲方有权终止本协议，除可从履约保证金中直接扣取承包费用及滞纳金外，还可加扣 20 万元的履约保证金。

合同签订后，D 公司即入场进行经营。2013 年 4 月 24 日，D 公司复函 C 机场公司，认为：C 机场公司指派工作人员对 D 公司的经营进行无故干涉，影响 D 公司的正常经营秩序，造成 D 公司经营亏损，影响承包费的收取进度，致使 D 公司客观上无法按时向 C 机场公司交纳承包费。要求 C 机场公司作出切实有效的解决方案，以不干涉 D 公司正常经营活动。2013 年 4 月 27 日，D 公司向 C 机场公司递交《关于下调 C 国际机场航站楼旅客行李封包业务承包费的请示》，认为：承包费过高，增加了业务成本，造成旅客对服务怨声载道。C 机场公司将 D 公司的收费标准限定在按件限价计收范围以内，并进行严格监督，遏制了投诉。但限价收费期间，造成 D 公司高额亏损，D 公司难以提供优质服务，要求减少承包费 600 万元。2013 年 5 月 2 日，C 机场公司复函 D 公司，要求 D 公司在 2013 年 5 月 8 日前付清 2013 年 3、4 月的承包费 216 万元，在 D 公司付清后，根据实际情况，双方协商研究解决方案，若 D 公司未在指定期限内付清承包费，C 机场公司将依照法律及合同的有关约定予以解决。D 公司收到 C 机场公司的复函后未支付拖欠的承包费。2013 年 6 月 4 日，C 机场公司向 D 公司发出《终止合同通知书》，认为：D 公司多次拖欠承包费，经C机场公司催告后仍未履行，且D公司因服务质量问题屡次引发旅客投诉。鉴于D公司的严重违约，于2013年6月5日24时终止双方签订的《C机场航站楼旅客行李打包服务承包协议》，并请D公司撤离现场人员及相关设备。D公司于2013年6月5日撤离现场，终止了合同的履行。至此，D公司尚欠C机场公司2013年3月至5月每月承包费108万元及2013年6月1日至5日的承包费18万元共计342万元未支付，C机场公司起诉至一审法院，请求法院判决：①D公司支付拖欠C机场公司的承包费222万元（该款项已扣除D公司120万元的履约保证金）；②D公司拖欠承包费产生的滞纳金54.756万元；③D公司支付C机场公司因其违约而终止合同的违约金20万元；④本案诉讼费由D公司承担。审理过程中，C机场公司放弃要求D公司支付因其违约而终止合同的违约金20万元的请求。

[主要争议]

1. D公司是否违反了合同约定？

2. C机场公司按原定承包费标准要求缴费是否显失公平？

[处理结果]

一审法院经审理认为D公司未按约定支付C机场公司承包费，已构成违约，应承担相应的违约责任。C机场公司、D公司在合同中约定的滞纳金具有违约金性质，但C机场公司现请求的滞纳金明显过高，且D公司亦有异议，依法应当调整，其按照中国人民银行同期贷款利率的4倍计算为宜。一审法院判决如下：①D公司支付C机场公司承包费222万元；②D公司在判决生效后10日内支付C机场公司滞纳金112 012.27元；③驳回C机场公司的其他诉讼请求。D公司不服一审判决，提起上诉，认为C机场公司明知D公司严重亏损仍按原定承包费标准要求交费显失公平，遂请求撤销原审判决第1项、第2项，判令D公司在其所交纳给C机场公司保证金120万元范围内承担承包费给付责任。

二审法院经审理后认为一审判决认定事实清楚，适用法律、判决结果均正确，应予维持，遂判决驳回上诉，维持原判。

[裁判要旨]

1. D公司是否违反了合同约定?

C机场公司、D公司签订的《C机场航站楼旅客行李打包服务承包协议》系双方的真实意思表示，不违反法律、行政法规的强制性规定，予以采信。C机场公司、D公司在对合同内容的变更未达成一致意见之前D公司应按照合同约定履行义务。D公司无证据证明C机场公司违反合同约定严重影响D公司的正常经营，导致D公司不能继续履行合同。双方权利义务于2013年6月5日终止，D公司亦于当日撤离现场，根据合同约定，D公司在终止合同时尚欠C机场公司承包费342万元，C机场公司在合同终止后主动以D公司交纳的履约保证金120万元抵扣D公司应付的承包费，符合合同约定及法律规定。D 公司现欠 C 机场公司承包费 222 万元未支付的事实成立、证据充分，人民法院应予以支持。

2. C 机场公司按原定承包费标准要求缴费是否显失公平？

根据案件审理当时最高人民法院《关于贯彻执行〈中华人民共和国民法通则〉若干问题的意见（试行）》第 72 条的规定，一方当事人利用优势或者利用对方没有经验，致使双方的权利义务明显违反公平、等价有偿原则的，可以认定为显失公平。D 公司是在曾与 C 机场物业管理有限责任公司签订《C 国际机场航站楼内旅客随身行李封包业务承包协议》后，才与 C 机场公司签订的《C 机场航站楼旅客行李打包服务承包协议》，D 公司与 C 机场公司签订承包协议，不可谓没有经验。本案中，无证据证明 D 公司与 C 机场公司签订协议不是出于 D 公司的真实意思表示或 C 机场公司利用了自身优势，致使双方的权利义务明显违反公平、等价有偿原则。

[相关法律法规]

1.《合同法》

第八条 依法成立的合同，对当事人具有法律约束力。当事人应当按照约定履行自己的义务，不得擅自变更或者解除合同。

依法成立的合同，受法律保护。

第六十条第一款 当事人应当按照约定全面履行自己的义务。

第一百零七条 当事人一方不履行合同义务或者履行合同义务不符合约定的，应当承担继续履行、采取补救措施或者赔偿损失等违约责任。

2.《民法典》(自2021年1月1日起施行)

第四百六十五条 依法成立的合同，受法律保护。

依法成立的合同，仅对当事人具有法律约束力，但是法律另有规定的除外。

第五百零九条 当事人应当按照约定全面履行自己的义务。

当事人应当遵循诚信原则，根据合同的性质、目的和交易习惯履行通知、协助、保密等义务。

当事人在履行合同过程中，应当避免浪费资源、污染环境和破坏生态。

第五百七十七条 当事人一方不履行合同义务或者履行合同义务不符合约定的，应当承担继续履行、采取补救措施或者赔偿损失等违约责任。

本节案例评述

关于机场管理机构在机场范围内开展的特许经营活动或有偿转让经营权活动权利来源的法律探讨

根据《行政许可法》第12、14条的规定，[1]机场管理机构成为《行政许可法》项下的被许可人。《民用机场管理条例》明确，运输机场投入使用的，机场管理机构应当向国务院民用航空主管部门提出申请。《民用机场管理条例释义》指出，一般情况下，运输机场使用许可证上载明的许可证持有人就是该运输机场的机场管理机构。机场管理机构是依法组建或者委托的直接负责运输机场安全和运营管理的具有法

[1] 《行政许可法》第12条规定："下列事项可以设定行政许可：①直接涉及国家安全、公共安全、经济宏观调控、生态环境保护以及直接关系人身健康、生命财产安全等特定活动，需要按照法定条件予以批准的事项；②有限自然资源开发利用、公共资源配置以及直接关系公共利益的特定行业的市场准入等，需要赋予特定权利的事项；③提供公众服务并且直接关系公共利益的职业、行业，需要确定具备特殊信誉、特殊条件或者特殊技能等资格、资质的事项；④直接关系公共安全、人身健康、生命财产安全的重要设备、设施、产品、物品，需要按照技术标准、技术规范，通过检验、检测、检疫等方式进行审定的事项；⑤企业或者其他组织的设立等，需要确定主体资格的事项；⑥法律、行政法规规定可以设定行政许可的其他事项。"第14条规定："本法第12条所列事项，法律可以设定行政许可。尚未制定法律的，行政法规可以设定行政许可。必要时，国务院可以采用发布决定的方式设定行政许可。实施后，除临时性行政许可事项外，国务院应当及时提请全国人民代表大会及其常务委员会制定法律，或者自行制定行政法规。"

人资格的机构，是运输机场经营和管理的直接责任主体。[1]也就是说，机场管理机构获得了一个集“经营和管理”两方面的概括性授权。

机场特许经营项下的公共管理授权，具有很强的身份性，是一种不可转让的权力。离开了特定的主体，这种特许即失效或作废。而机场特许经营项下的经营权，具有一般财产的合理内核，被视作一种“经济学意义上的财产权”与“事实上的财产权”。按照行政许可相关制度的规定，只要法律、法规允许转让的，通过行政许可取得的权利可转让。因此，有偿转让经营权[2]是行政许可项下特许权的再转让权，是法律法规在一般禁止下的例外准予。如果把机场特许经营看成是政府对资源的配置，机场有偿转让经营权则可以视为政府对上述资源的再次配置。

实施经营权有偿转让是为缓解现有法律冲突而创设的制度。《民用机场管理条例》将民用机场定义为公共基础设施。机场实施属地化管理之后，大部分民用机场由属性为营利法人的机场管理机构负责其安全及运营，有的机场管理机构甚至已经成为上市公司。营利法人以追求经济效益为目标，上市公司还应将其盈利分配给股东。《民用航空法》确立了民

---

〔1〕 国务院法制办工交司、中国民航局政法司、中国民航局机场司编：《民用机场管理条例释义》，中国民航出版社2009年版，第86~87页。

〔2〕《民用机场管理条例》第38条第1款规定：“机场范围内的零售、餐饮、航空地面服务等经营性业务采取有偿转让经营权的方式经营的，机场管理机构应当按照国务院民用航空主管部门的规定与取得经营权的企业签订协议，明确服务标准、收费水平、安全规范和责任等事项。”

用机场有偿使用制度，是考虑到民用机场管理机构需要一定数量的资金来维护民用机场及其有关的助航设施，更新设备，以此更好地保障民用航空器的运行安全。但这与营利法人对“利”的“量级”追求不完全相同。

机场管理机构的财务预算制度没有予以专门化法律处理，其经营预算、税收和利润收缴等基本规定与普通商业性国有企业基本一致。考虑到实施民用机场特许经营的初衷是为了缓解政府财政对公共基础设施投入有限，难以维系其发展的现状；经营权转让制度的设计，是基于机场管理机构自己实施经营权所能获得收益的替代机制，其目的是引导机场管理机构（营利法人）把主要精力放在运输机场安全管理的核心业务上，而其他业务则引进专业化服务提供商来经营，由“经营型”向“管理型”转变，这显然是立足我国国情，亦是在一定程度上调和了“公共基础设施”管理人与营利法人特征的冲突。